Nachhaltig führen, nachhaltig belohnen

Peter Zens · Chris Heiler

Nachhaltig führen, nachhaltig belohnen

Wie ESG-Kriterien die Vergütung in DAX-Unternehmen prägen

Springer Gabler

Peter Zens
Saarbrücken, Deutschland

Chris Heiler
Saarbrücken, Deutschland

ISBN 978-3-658-46936-8 ISBN 978-3-658-46937-5 (eBook)
https://doi.org/10.1007/978-3-658-46937-5

Die Deutsche Nationalbibliothek verzeichnet diese Publikation in der Deutschen Nationalbibliografie; detaillierte bibliografische Daten sind im Internet über https://portal.dnb.de abrufbar.

Springer Gabler ist ein Imprint der eingetragenen Gesellschaft Springer Fachmedien Wiesbaden GmbH und ist ein Teil von Springer Nature.
Die Anschrift der Gesellschaft ist: Abraham-Lincoln-Str. 46, 65189 Wiesbaden, Germany

Inhaltsverzeichnis

Abkürzungsverzeichnis

Abb.	Abbildung
AG	Aktiengesellschaft
AktG	Aktiengesetz
ARUG	Gesetz zur Umsetzung der Aktionärsrechterichtlinie
CEO	Chief Executive Officer
CO_2	Kohlenstoffdioxid
CSO	Chief Sustainability Officer
CSR	Corporate Social Responsibility
DAX	Deutscher Aktienindex
DCGK	Deutscher Corporate Governance Kodex
EBIT	Earnings before interest and taxes
EGAktG	Einführungsgesetz zum Aktiengesetz
EPS	Earnings per share
ESG	Enviromental, Social & Governance
EUR	Euro
KGaA	Kommanditgesellschaft auf Aktien
kt	Kilotonnen
LTI	Long Term Incentive
PwC	Pricewaterhouse Coopers
ROCE	Return on capital employed
SE	Societas Europaea
SRI	Socially Responsible Investment
STI	Short Term Incentive
Tab.	Tabelle
TSR	Total Shareholder Return
UN	United Nations
USD	US-Dollar
VorstAG	Gesetz zur Angemessenheit der Vorstandsvergütung

Abbildungsverzeichnis

Tabellenverzeichnis

Relevanz der ESG-Kriterien

1

Zusammenfassung

Dieses Buch untersucht die Integration von ESG-Kriterien (Environmental, Social, Governance) in die Vorstandsvergütung von Unternehmen des DAX-Segments. Vor dem Hintergrund globaler Herausforderungen wie Klimawandel und Ressourcenschwund gewinnt nachhaltige Unternehmensführung zunehmend an Bedeutung. Institutionelle Investoren und der Bankensektor setzen verstärkt auf ESG-Kriterien bei Investitionsentscheidungen. Ein Fokus der Analyse liegt auf der Ermittlung, inwieweit ESG-Themen bereits in die Vergütungsstrukturen integriert sind, sowie auf der Untersuchung der Auswirkungen gesetzlicher Änderungen, insbesondere des ARUG II, auf die Berücksichtigung von Nachhaltigkeitszielen.

> „Wenn wir die Luft, die unsere Kinder atmen werden, und das Essen, das sie zu sich nehmen werden, und wenn wir die Träume all unserer Nachkommen über unsere kurzfristigen Interessen stellen – ja, dann ist es vielleicht noch nicht zu spät.“ (Obama 2014)

Mit diesen Worten appellierte Präsident Obama am 23. September 2014 auf dem UN-Klimagipfel in New York an die mehr als 120 anwesenden Staats- und Regierungschefs, gemeinsam den weltweiten CO_2-Ausstoß deutlich zu senken (vgl. Obama 2014).

Klimawandel und Energiewende, Ressourcenknappheit und steigende Rohstoffpreise, demografische Veränderungen und massive Veränderungen im Ökosystem. Die Schwierigkeiten, mit denen sich Wirtschaft & Gesellschaft heute konfrontiert sehen, sind nicht gerade gering. Im Anbetracht dieser Tatsache berücksichtigen immer mehr Unternehmen eine gelebte Nachhaltigkeit als strategischen Erfolgsfaktor. Dies gilt insb. dafür, dass Kapitalmärkte und Finanzinvestoren immer mehr nichtfinanzielle Leistungsindikatoren in den Bereichen Environmental (Umwelt), Social (gesellschaftliche Verantwortung) und

P. Zens, C. Heiler, *Nachhaltig führen, nachhaltig belohnen*,
https://doi.org/10.1007/978-3-658-46937-5_1

Governance (Unternehmensführung) (ESG) in ihre Bewertungen einbeziehen (vgl. Austrup und Blomberg 2014, S. 83–84). Darüber hinaus gewinnt das Thema auch bei der Finanzierung an Bedeutung, so werden ESG-Kriterien auch bei Kreditvergaben und Investitionsentscheidungen im Bankensektor immer mehr in Betracht gezogen (vgl. Schöning und Pille 2023, S. 239). Für Unternehmen wird die Integration von ESG-Kriterien folglich unumgänglich. Allerdings gestaltet es sich als herausfordernd zu differenzieren, an welcher Stelle ESG-Kriterien lediglich als Etikett verwendet werden, möglicherweise sogar „Green- oder Social-Washing" vorliegt, und wo diese de facto umgesetzt werden (vgl. Baker et al. 2022, S. 1). Ein Anhaltspunkt, der als Indikator dienen kann, um zu überprüfen, ob Nachhaltigkeitsziele effektiv implementiert werden, findet sich in dem Anreiz- und Zielvereinbarungssystem des Unternehmens (vgl. Wunder 2014, S. 76 f). Die Effektivität dieses Ansatzes wird durch ein Beispiel belegt:

Gemäß einer Analyse des Carbon Disclosure Projekts von PricewaterhouseCoopers (PwC) aus dem Jahr 2013 gelang es einem signifikant höheren Anteil von Unternehmen, nämlich 85 %, ihre CO_2-Emissionen zu reduzieren, wenn sie Anreize dafür setzten, verglichen mit nur 67 % der Unternehmen, die dies nicht taten (vgl. Carbon Disclosure Project 2013, S. 10).

Die Vergütung von Vorständen der großen börsennotierten Unternehmen in Deutschland war lange Zeit so gut wie nicht von sozialen und ökologischen Kennzahlen abhängig. Hier hat sich die Lage wesentlich verändert (vgl. Beile und Schmid 2023, S. 3). Bereits nach der Finanzkrise 2008/09, wurde das Gesetz zur Angemessenheit der Vorstandsvergütung (VorstAG) verabschiedet, welches eine Ausrichtung der Vergütungsstruktur börsennotierter Unternehmen auf eine nachhaltige Unternehmensentwicklung vorsieht (vgl. Velte et al. 2018, S. 270). Verschärft wurde die Krise durch die inflationäre Fokussierung auf kurzfristige finanzielle Anreize und die Vernachlässigung langfristiger, nachhaltiger Unternehmensziele (vgl. Regelin 2023, S. 49). Auf globaler Ebene wird dies durch den BP-Skandal im Jahr 2010 illustriert. Der britische Ölkonzern reduzierte Sicherheitsmaßnahmen zugunsten kurzfristiger Gewinne, was zu einer Explosion der Plattform Deepwater Horizon und einer der größten Umweltkatastrophen der USA führte (vgl. Conrad 2024).

Das Thema hat in den letzten Jahren durch den Diskurs über Klimaschutz und Unternehmensverantwortung, sowie durch die Entstehung von sog. ESG-Ratings wesentliche Bedeutung erlangt (vgl. Beile und Schmid 2023, S. 3). Da der Begriff der Nachhaltigkeit jedoch gesetzlich nicht definiert war, interpretierten viele Unternehmen ihn lediglich im Sinne der Langfristigkeit und integrierten keine spezifischen Nachhaltigkeitskriterien (vgl. Dörrwächter 2022, S. 1086; Regelin 2023, S. 53). Dies führte zu einer Reaktion des Gesetzgebers mit dem am 01. Januar 2020 in Kraft getretenen Gesetz zur Umsetzung der zweiten Aktionärsrechtelinie (ARUG II), auf das später noch genauer eingegangen wird. Mit diesem Gesetz wurden u. a. die Termini „Nachhaltigkeit" und „Langfristigkeit" getrennt, um eine stärkere Einbeziehung von Nachhaltigkeitskriterien zu fördern (vgl. Johannsen-Roth & Kießling 2021, S. 31). Ungeachtet der gesetzlichen Änderungen gibt es weder eine Verpflichtung zur Berücksichtigung von ESG-Kriterien, noch konkrete Vorgaben zu deren Ausgestaltung (vgl. Magers et al. 2022, S. 197; Velte 2022, S. 445). Viele Experten sind sich einig, dass die derzeit implementierten ESG-Kriterien nicht ausreichend gewichtet sind (vgl. Löw 2023, S. 1).

Das vorliegende Buch widmet sich der eingehenden Analyse der Integration von ESG-Kriterien in die Vergütungsstrukturen von Vorständen. Hierbei wird das Ziel verfolgt zu ermitteln, inwieweit die DAX-Segmentunternehmen ESG-Themen in ihren Vorstandsvergütungen bereits aufgenommen haben. Im Fokus steht dabei die Untersuchung, ob, wo und wie ESG-Kriterien im Vergütungsbericht verankert sind, sowie die spezifischen Bereiche des ESG-Konzepts, auf die sich die Ziele beziehen. Zusätzlich wird der Anteil der ESG-Ziele an den Gesamtzielen, sowie deren Gewichtung detailliert untersucht. Ein weiteres Ziel dieses Buches ist es, die Entwicklung der Integration von ESG-Themen in den Vergütungsstrukturen der Vorstände über die letzten zwei Jahre zu analysieren, insb. vor dem Hintergrund der Einführung des ARUG II. Diese Analyse soll aufzeigen, wie sich gesetzliche Änderungen auf die Vergütungspraktiken auswirken und ob eine Tendenz zur stärkeren Berücksichtigung von ESG-Kriterien erkennbar ist. Darüber hinaus wird angestrebt, die DAX-Segmente DAX 40, MDAX, SDAX und TecDAX zu beleuchten, um Unterschiede in der ESG-Integration in den Vergütungsberichten zu identifizieren. Dies soll Aufschluss darüber geben, ob die Unternehmensgröße die Implementierung von ESG-Kriterien in der Vorstandsvergütung beeinflusst und welche Segmente dabei führend sind. Als zusätzlicher Untersuchungsaspekt wird geprüft, ob Unternehmen auf Vorstandsebene einen Chief Sustainability Officer (CSO) oder ein für ESG-Themen verantwortliches Vorstandsmitglied beschäftigen, um den Zusammenhang zwischen der Präsenz eines CSOs und der Integration von ESG-Zielen zu eruieren.

Im folgenden Kapitel werden anfangs die grundlegenden Aspekte des ESG-Konzeptes und dessen Relevanz für Unternehmen beleuchtet. Anschließend wird im Unterkapitel „Institutionelle Investoren als Treiber der Nachhaltigkeit“ die zentrale Rolle der institutionellen Investoren erläutert, die einen wesentlichen Beitrag zur Förderung der Nachhaltigkeit leisten und den größten Anteil unter den Investorengruppen ausmachen. Hieran schließt sich die Betrachtung der Rolle des CSO an, wobei dessen Aufgabenbereiche und verschiedene Typen detailliert beschrieben werden. Zuletzt wird die Principal-Agent-Theorie aufgegriffen, um die Bedeutung der variablen Vergütung und die Notwendigkeit der Integration von ESG-Anreizen zu untermauern. Im dritten Kapitel werden die Bestandteile der Vergütung sowie die durch die Umsetzung des ARUG II und die Empfehlungen des Deutschen Corporate Governance Kodex (DCGK) eingeführten Veränderungen präsentiert. Das Herzstück des Buches, das vierte Kapitel, stellt sowohl die Methodik als auch die Ergebnisse dieser empirischen Forschungsarbeit vor. Im letzten Kapitel werden die Haupterkenntnisse resümiert.

Theoretische Grundlagen zur ESG-Integration

2

Zusammenfassung

Das ESG-Konzept (Environmental, Social, Governance) gewann erstmals 2004 durch die „Who Cares Wins"-Initiative der Vereinten Nationen an Bedeutung, wobei Kofi Annan zu freiwilligen Nachhaltigkeitsinitiativen aufrief. Der ökologische Aspekt von ESG wurde schon in den 1960er-Jahren thematisiert, insbesondere hinsichtlich der Klimakrise. Heute gewinnen ESG-Kriterien durch zunehmende Klimarisiken und wirtschaftliche Trends weiter an Relevanz. Im sozialen Bereich reichen die Ursprünge bis ins 18. Jahrhundert zurück, während der Governance-Aspekt globale und nationale Rahmen für eine verantwortliche Unternehmensführung umfasst. ESG hat sich zu einem wichtigen Thema für institutionelle Investoren entwickelt, die zunehmend Nachhaltigkeitsziele fordern. Besonders in Deutschland zeigt sich die wachsende Bedeutung von ESG im Anstieg nachhaltiger Investmentfonds.

2.1 Evolution und Relevanz des ESG-Ansatzes

Das Akronym ESG, das für die Begriffe Environmental, Social und Governance steht, kam erstmals im Zuge der „Who Cares Wins"-Initiative der Vereinten Nationen im Jahr 2004 zum Einsatz (vgl. Kacperczyk und Edmans 2022, S. 1309; Pollman 2022, S. 10). Im Rahmen dieser Initiative richtete der damalige UN-Generalsekretär Kofi Annan zu Beginn des Jahres 2004 einen Appell in Form eines Briefes an über 50 Vorstände im Finanzsektor. Viele große Finanzinstitute folgten seiner Aufforderung zum freiwilligen Beitritt (vgl. Dathe et al. 2022, S. 119). Die Abb. 2.1 stellt die wesentlichen ESG-Kriterien beispielhaft dar.

P. Zens, C. Heiler, *Nachhaltig führen, nachhaltig belohnen*,
https://doi.org/10.1007/978-3-658-46937-5_2

Abb. 2.1 Ausgewählte ESG-Kriterien. (Quelle: Eigene Darstellung in Anlehnung an Regelin 2023, S. 46)

ESG und Nachhaltigkeit sind keine Konzepte von heute, haben aber in den jüngsten Jahren durch verschiedene Einflüsse merklich an Gewicht gewonnen (vgl. Regelin 2023, S. 44). Der ökologische Aspekt in ESG gewann ab Mitte der 1960er-Jahre an Aufmerksamkeit. Im Jahr 1965 warnte Roger Revelle im Auftrag des President's Science Advisory Committee die Regierung der Vereinigten Staaten vor den Folgen des Treibhauseffekts. Dennoch wurden die Risiken aus konservativen Interessen zum Teil gezielt bagatellisiert (vgl. Conway und Oreskes 2010, S. 170–215). Die Enquete-Kommission Schutz der Erdatmosphäre des Deutschen Bundestages konstatierte 1988, dass der zunehmende Treibhausgaseffekt voraussichtlich katastrophale Auswirkungen auf die Weltbevölkerung haben wird und eine Begrenzung des Temperaturanstiegs auf möglichst 1–2 °C ggü. dem vorindustriellen Niveau erforderlich ist (vgl. Deutscher Bundestag 1990, S. 845). 27 Jahre danach hat sich die Weltgemeinschaft im Dezember 2015 in Paris darauf geeinigt, den Anstieg der globalen Durchschnittstemperatur auf deutlich unter 2 °C ggü. dem vorindustriellen Niveau zu begrenzen und weitere Anstrengungen zu unternehmen, um den Temperaturanstieg auf 1,5 °C zu begrenzen (vgl. Regelin 2023, S. 45; Reich 2022, S. 140).

Heute, neun Jahre nach dem Pariser Abkommen, stehen viele Staaten noch am Anfang der Umsetzung dieser Erkenntnis. Trotz des Rückgangs der CO_2-Emissionen, der durch die Covid-19-Pandemie verursacht wurde, steuert die Welt laut aktuellem UN Emissions Gap Report weiterhin auf einen Temperaturanstieg von über 2,9 °C in diesem Jahrhundert zu (vgl. Reich 2022, S. 140; UNEP 2023, S. 15). Mittlerweile sind die Folgen deutlich spürbar, wie die verheerenden Buschbrände in Kalifornien und Australien, die zunehmenden Wetterextreme und die Dürresommer 2018 und 2019 vor Augen führen. Die planetarischen Grenzen werden mehr und mehr als Realität anerkannt (vgl. Reich 2022, S. 141). Die Auswirkungen des Klimawandels werden auch regional spürbar. Die Hochwasserkatastrophe im Ahrtal 2021, die Überschwemmungen Ende Mai 2024 im Saarland und Anfang Juni in Bayern und Baden-Württemberg sind Beispiele dafür (vgl. Augustin et al. 2024; Bihlmayer 2024; Land Saarland 2024).

Um diesen Herausforderungen zu begegnen, befasst sich der Aspekt „E“ mit Themen wie dem Klimaschutz, dem Schutz der Wasser- und Meeresressourcen, dem Übergang zu einer Kreislaufwirtschaft, der Vermeidung und Verminderung von Umweltverschmutzung sowie dem Schutz der Biodiversität und intakter Ökosysteme (vgl. Rölike und Weiand 2021, S. 3).

Der soziale Aspekt des ESG-Konzepts hat seine Ursprünge bereits im 18. Jahrhundert, als religiöse Gruppen wie die Methodisten und Quäker schon früh Richtlinien für sozial verantwortliches Investieren entwickelten. Diese Gruppen lehnten den Sklavenhandel sowie Investitionen in Alkohol- und Glücksspielfirmen ab und prägten damit die ersten Konzepte des sog. Socially Responsible Investments (SRI) (vgl. Kirchhoff et al. 2024, S. 7).

Der Durchbruch für SRI erfolgte 1928 mit der Gründung des Pioneer Fund, der sich an sittenstrenge Protestanten richtete und auch Wirtschaftszweige wie Alkohol, Tabak und Glücksspiel mied (vgl. Kirchhoff et al. 2024, S. 8; Regelin 2023, S. 44). Das heutige Verständnis des „S“-Aspekts bezieht sich u. a. auf Arbeitssicherheit und Gesundheitsschutz, Diversität, Inklusion, soziales Engagement, Fairness und Humankapitalentwicklung (vgl. Haberstock 2024; Rölike und Weiand 2021, S. 3; Schmidt 2023, S. 117). Während der Corona-Krise gewann der soziale Aspekt deutlich an Bedeutung, da Unternehmen, die in ihre Mitarbeiter, Kunden und Gemeinschaften investierten, besser in der Lage waren, schwierige Situationen zu bewältigen (vgl. Kaufmann und Beringer 2021, S. 169; Reich 2022, S. 141).

Der Aspekt „G“ umfasst die verantwortliche Unternehmensführung (Governance oder Corporate Governance) und hat die Art und Weise der Leitung und Kontrolle eines Unternehmens zum Gegenstand (vgl. Schölzel 2024).

Allerdings gibt es weltweit noch kein einheitliches Verständnis darüber, welche Mindestanforderungen dazu gehören sollten. Der Rahmen wird im Wesentlichen auf nationaler Ebene gesetzt. In Deutschland ist dies der DCGK (vgl. Reich 2022, S. 139). In der einschlägigen Literatur gängige Kriterien des „G“-Aspektes umfassen u. a. Unbestechlichkeit, Antikorruption, Compliance, Aufsichtsstrukturen und interne Kontrollsysteme (vgl. Haberstock 2024; Schmidt 2023, S. 117; Schölzel 2024). Ferner wird auch die Integration von ESG-Zielen in die Managementvergütung dieser Kategorie zugeordnet, womit sich der Kreis zum Thema dieser Abhandlung schließt (vgl. Rölike und Weiand 2021, S. 3).

Aufgrund des umfangreichen Inhalts werden weitere Beispiele für ESG-Ziele im Appendix A des Buches separat nach den Kategorien „E“, „S“ und „G“ dargestellt.

Die Relevanz von ESG-Themen wird durch Prognosen von Bloomberg Intelligence unterstrichen, denen zufolge das global-verwaltete ESG-Vermögen bis 2030 auf 40 Billionen USD ansteigen wird. Dies entspricht etwa 25 % des zu diesem Zeitpunkt auf 140 Billionen USD geschätzten gesamten verwalteten Vermögens (vgl. Bloomberg Finance L.P. 2024). Auch in Deutschland gewinnt das Thema ESG zunehmend an Bedeutung. Laut dem aktuellen Marktbericht des Forums Nachhaltige Geldanlagen beträgt das Anlagevolumen nachhaltiger Investmentfonds in Deutschland im Jahr 2023 472,6 Mrd. €, was einer Verfünfzehnfachung des Volumens von 30,9 Mrd. € im Jahr 2013 entspricht (vgl. Forum Nachhaltige Geldanlagen 2024).

Demgemäß ist das Thema derzeit nicht nur in der wirtschaftswissenschaftlichen Literatur omnipräsent, sondern stellt auch einen bedeutenden Megatrend in der Finanzwelt dar (vgl. Schmidt 2023, S. 115).

2.2 Institutionelle Investoren als Treiber der Nachhaltigkeit

In einer Zeit, in der institutionelle Investoren und Vermögensverwalter, insb. die großen Drei – BlackRock, Vanguard und State Street – durch ihre Investitionsentscheidungen erheblichen Einfluss auf die globale Wirtschaftslandschaft ausüben, rücken ihre Positionen zu Nachhaltigkeit und ESG-Themen verstärkt in den Fokus der öffentlichen und unternehmerischen Aufmerksamkeit (vgl. Jaspers 2022, S. 147–148). ESG-Investing ist gegenwärtig ein zentrales Thema in den Wirtschaftswissenschaften und gewinnt auch in der juristischen Diskussion zunehmend an Bedeutung (vgl. Redenius-Hövermann und Siemens 2022, S. 140).

Die stärkere Fokussierung auf Nachhaltigkeit wird von institutionellen Investoren in zweierlei Hinsicht gefordert: Zum einen investiert eine neue Generation mit breiteren Zielsetzungen, zum anderen zwingen sie die Regulatoren zu Nachhaltigkeitsberichten, die von ihren Beteiligungsunternehmen vergleichbare Berichte einfordern (vgl. Kramarsch 2021, S. 1).

Die Aussagen von Larry Fink, Chief Executive Officer (CEO) von BlackRock, stoßen bei institutionellen Investoren weltweit, insb. in Deutschland, bei Unternehmen, Medien und der Öffentlichkeit auf besonderes Interesse (vgl. Vetter 2023, S. 77). Im Jahr 2020 kündigte dieser in seinem jährlichen Letter to CEOs an, dass BlackRock seine Investmentstrategie konsequent auf nachhaltige Anlagen umstellen werde und insb. den Aktienbestand von Unternehmen der Kohleindustrie im Portfolio reduzieren werde (vgl. Fink 2020). In seinem Brief an die CEOs im Januar 2022 hob er vor, den Klimaschutz und die CO_2-Neutralität zu fördern, da Unternehmen andernfalls Schwierigkeiten haben könnten, wettbewerbsfähig zu bleiben (vgl. Fink 2022). Nach der neuesten Studie von S&P Global „Who owns the German DAX?“ wird deutlich, dass im Jahr 2022 der Großteil der DAX 40-Unternehmen von institutionellen Anlegern gehalten wurde (ca. 60 % des Free Floats). BlackRock fungiert als zweitgrößter Anteilseigner des DAX 40 mit einem Besitzanteil von nahezu 5 %, direkt hinter Vanguard, der knapp 6 % hält (vgl. Tobias et al. 2023, S. 8–12). Abb. 2.2 verdeutlicht die Aktionärsstruktur nach Investoren.

Klare Erwartungen an die Integration von ESG-Zielen in die Vorstandsvergütung haben die vier großen deutschen Investoren DWS, Deka Investment, Union Investment und Allianz Global Investors formuliert. Diese Erwartungen spiegeln sich in ihren Abstimmungsrichtlinien für Hauptversammlungen wider (vgl. Dörrwächter 2022, S. 1083). Allianz Global Investors hat sogar angekündigt, ab 2023 alle Vergütungssysteme europäischer Großkonzerne abzulehnen, die keine ESG-Ziele berücksichtigen (vgl. Allianz Global Investors GmbH 2022).

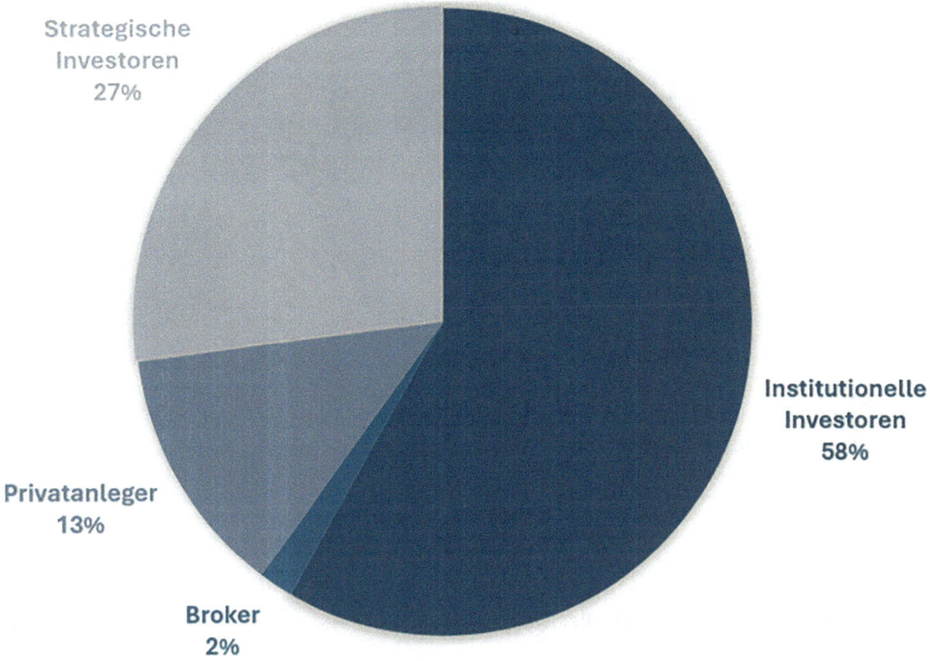

Abb. 2.2 DAX 40 Aktionärsstruktur nach Investoren. (Quelle: Eigene Darstellung in Anlehnung an Tobias et al. 2023, S. 8)

Diese Entwicklung hin zu einer stärkeren Fokussierung auf Nachhaltigkeitsziele manifestiert sich im Phänomen des „Sustainable Shareholder Activism", durch das institutionelle Investoren ihre erheblichen Beteiligungen nutzen, um nicht nur finanzielle, sondern auch nachhaltige Veränderungen in den Geschäftspraktiken der Unternehmen zu fördern, was den langfristigen Wert sowohl für die Gesellschaft als auch für die Umwelt steigert (vgl. Jaspers 2022, S. 146–147).

Es lässt sich festhalten, dass der markante Einfluss institutioneller Investoren auf die Unternehmensführung, besonders durch ihre bedeutenden Beteiligungen am DAX 40 und ihr Engagement für nachhaltige Geschäftspraktiken, die Notwendigkeit unterstreicht, ESG-Kriterien in die Vorstandsvergütung zu integrieren, um die langfristige Wertschöpfung sowohl für die Gesellschaft als auch die Umwelt zu fördern.

2.3 Die Rolle des Chief Sustainability Officers

Während das Akronym CSO früher im unternehmerischen Kontext meist für den „Chief Sales Officer" verwendet wurde, wird es heute zunehmend auch für den „Chief Sustainability Officer" herangezogen (vgl. Juretzek und Broschat 2021, S. 7).

Abb. 2.3 Die Rollen des CSO. (Quelle: Eigene Darstellung in Anlehnung an Kreutzer 2023, S. 15)

Im Unternehmen ist der CSO gefordert, unterschiedliche Rollen zu übernehmen, wie in Abb. 2.3 dargestellt. Es wird deutlich, dass dieser vielfältige Funktionen ausübt, u. a. als „Storyteller", als Experte für Rechtsfragen sowie deren Umsetzung, als „Impulsgeber", als „Marketing-Dompteur" und als „Sustainability-Controller" (vgl. Kreutzer 2023, S. 15).

Im Zusammenhang mit der Erreichung der ESG-Ziele auf Vorstandsebene steht aus Autorensicht vor allem die Rolle als Rechtsversteher und Rechtsumsetzer sowie die des Sustainability-Controllers. Im Falle des Rechtsverstehers und Rechtsumsetzers muss der CSO über umfassende Kenntnisse der relevanten lokalen, nationalen und internationalen gesetzlichen Rahmenbedingungen im Bereich ESG verfügen (vgl. Kreutzer 2023, S. 21).

Untersuchungen haben aufgezeigt, dass Nachhaltigkeitsausschüsse im Vorstand und CSOs einen signifikant positiven Einfluss auf die Nachhaltigkeitsleistung und -berichterstattung von Unternehmen haben (vgl. Velte und Stawinoga 2020, S. 333–377).

Laut einer Studie von Kirchhoff Consult und BDO des Jahres 2022 ordnen fast die Hälfte der 160 DAX-Segmentunternehmen (41 %) den Bereich Corporate Social Responsibility (CSR) einem Vorstandsressort zu, wobei die Funktion des CSO besonders häufig anzutreffen ist (vgl. Kirchhoff Consult AG & BDO AG 2022, S. 32).

In einer von PwC Strategy& im Jahr 2023 durchgeführten Studie wurden CSOs in zwei Hauptgruppen klassifiziert. Die erste Gruppe, die „CSOs with impact", umfasst Vorstandsmitglieder, die direkten Einfluss auf strategische Entscheidungen und die Implementierung von ESG-Zielen haben. Innerhalb dieser Gruppe gibt es wiederum zwei Typen: Typ 1, bei dem der CEO selbst die Rolle des CSOs übernimmt (CEO-CSO), und Typ 2, der „C-Level CSO", bei dem andere Vorstandsmitglieder, wie der Chief Financial Officer oder

Chief Operating Officer, die Aufgaben des CSOs wahrnehmen. Im Gegensatz dazu stehen die „CSO light", die keinen direkten Zugang zum obersten Führungsgremium haben und daher eine eingeschränkte Wirkungsmöglichkeit besitzen. Laut dieser Studie haben zwar 90 % der DAX 40-Unternehmen einen CSO, aber nur 45 % können als „CSOs with impact" klassifiziert werden, was ihre Fähigkeit unterstreicht, ESG-Ziele effektiv umzusetzen (vgl. PwC Strategy& (Germany) GmbH 2023).

Im empirischen Teil dieser Abhandlung wird die Präsenz von CSOs auf Vorstandsebene bei den 160 DAX-Segmentunternehmen untersucht, um die zuvor dargestellte Relevanz einer direkten Einbindung in das Top-Management weiter zu beleuchten.

2.4 Die Principal-Agent-Theorie

Die betriebswirtschaftliche Forschung erklärt die Notwendigkeit einer anreizgerechten Gestaltung von Vorstandsvergütungen häufig durch die klassische Principal-Agent-Theorie (vgl. Jensen und Meckling 1976, S. 305–360; Jensen und Murphy 1990, S. 225–264).

Eine plausible Erklärung des Prinzipal-Agenten-Ansatzes liefern Pratt/Zeckhauser:

> „Whenever one individual depends on the action of another, an agency relationship arises. The individual taking the action is called the agent. The affected party is the principal." (Pratt und Zeckhauser 1985, S. 2)

Der Kern der Theorie liegt darin, dass ein Prinzipal (Auftraggeber) innerhalb eines festgelegten Vertrags spezifische Aufgaben an einen Agenten (Auftragnehmer) delegiert (vgl. Bundle 2021, S. 36).

Wenn dem Delegierten Entscheidungsspielräume zugrunde liegen, ist bei asymmetrisch verteilten Informationen und insb. unter Unsicherheit davon auszugehen, dass der Beauftragte sich möglicherweise opportunistisch verhält (vgl. Ortner 2016, S. 14–15). In der Prinzipal-Agent-Theorie werden demzufolge Akteure als rationale und eigennutzenmaximierende Akteure betrachtet (Ortner 2016, S. 14). Daraus ergibt sich, dass der Prinzipal damit rechnen sollte, dass der Agent ihn ausnutzt, wenn es ihm einen Vorteil verschafft (vgl. Alparslan 2006, S. 24 f). Im Umkehrschluss lässt sich konstatieren, dass der Agent die Aufgaben umso treuer nach den Interessen des Prinzipals erledigt, je deckungsgleicher die Ziele beider Parteien sind (vgl. Alter 2019, S. 71). Dies kann nur durch einen Ausgleich der Interessen beider Seiten, das so genannte „Alignment of Interest", erreicht werden (vgl. Redenius-Hövermann und Siemens 2022, S. 140).

Im Zusammenhang mit der variablen Vergütung der Vorstände liefert die Prinzipal-Agent-Theorie eine zentrale Erklärung. Sie zeigt auf, dass der Vorstand in einer Aktiengesellschaft als Agent fungiert, mit den Aktionären als den Prinzipalen (vgl. Jensen et al. 2004, S. 21). Somit lässt sich aus Autorensicht festhalten, dass hierdurch die Frage beantwortet wird, warum strategische Ziele, einschließlich der ESG-Themen, ausschließlich über die variable Vergütung gefördert werden können. Der Grund dafür liegt in der Beschaffenheit der fixen Vergütung, die dem Agenten unabhängig von seiner Leistung zusteht. Das bedeutet, er erhält sie auch dann, wenn er die strategischen (ESG-)Ziele des Prinzipals nicht verfolgt und sich opportunistisch verhält. Diese Ambivalenz in den Anreizstrukturen ist ein Hinweis auf die Notwendigkeit einer sorgfältigen Gestaltung der variablen Vergütung.

Traditionell liegt der Schwerpunkt darauf, insb. finanzielle Ziele als strategische Anreize zu setzen, welche der Vorstand zugunsten der Aktionäre realisieren soll (vgl. Bundle 2021, S. 37).

Im Zuge des Buches wird die Aufmerksamkeit auf die nicht-finanziellen, insb. die ESG-Ziele gerichtet, die spätestens mit der Umsetzung der ARUG II in den Vergütungsstrukturen der DAX-Vorstände implementiert sein sollten.

Das ARUG II und DCGK als rechtliches Rahmenwerk der Vorstandsvergütung

3

Zusammenfassung

Die ESG-Regulierung im Unternehmensrecht hat sich schnell entwickelt und umfasst wichtige Vorschriften wie die Corporate Sustainability Reporting Directive und die Sustainable Finance Disclosure Regulation. Durch das ARUG II und den DCGK wurden 2020 die Vergütungsregelungen für Vorstände angepasst, um eine nachhaltige und langfristige Unternehmensentwicklung zu fördern. Dabei bleibt der Begriff „Nachhaltigkeit“ offen, und Aufsichtsräte haben großen Spielraum, ESG-Ziele in die Vergütung einzubeziehen. Das „Say-on-Pay“-Prinzip ermöglicht Aktionären eine beratende Abstimmung über das Vergütungssystem, ohne jedoch ESG-Kriterien verbindlich vorzuschreiben.

3.1 Entwicklung der ESG-Regulierungen im Unternehmensrecht

Das Thema ESG hat sich in der Welt des Unternehmensrechts in kurzer Zeit zu einem vorherrschenden Bereich entwickelt. Aufgrund der dynamischen Entwicklung des Rechts in diesem Bereich, wird dessen Wirkmächtigkeit im Schrifttum bereits mit der eines „Tsunamis“ verglichen (vgl. Verse 2023, S. 21). Zu den bemerkenswertesten Regulierungen zählen:

- Die Corporate Sustainability Reporting Directive zur weit ausgedehnten Nachhaltigkeitsberichterstattung im Lagebericht (vgl. BaFin 2023),
- die Sustainable Finance Disclosure Regulation, welche Finanzdienstleister dazu verpflichtet, ggü. ihren Kunden volle Transparenz über die Einbeziehung von Nachhaltigkeitsaspekten bei den Finanzprodukten zu gewährleisten (vgl. BaFin o.J.),

P. Zens, C. Heiler, *Nachhaltig führen, nachhaltig belohnen*,
https://doi.org/10.1007/978-3-658-46937-5_3

Tab. 3.1 Überblick der geltenden Vorschriften

Rechtsgrundlage (AktG)	Comply-or-Explain-Ansatz (DCGK)
§ 87 AktG (Grundlagen zur Vergütung)	Grundsatz 8 letzter Satz DCGK
§ 87a AktG (Vergütungssystem)	Grundsatz 24 DCGK
§ 120 AktG (Vergütungsvotum)	Empfehlungen G.1-G.16 DCGK
§ 162 AktG (Vergütungsbericht)	Grundsatz 26 DCGK

Quelle: Eigene Darstellung in Anlehnung an Magers et al. 2022, S. 192

- die EU-Taxonomie-Verordnung als Klassifizierungssystem für ökologisch nachhaltige Wirtschaftstätigkeiten (vgl. WPK o.J.),
- das Lieferkettensorgfaltspflichtengesetz zur Vermeidung von Menschenrechtsverletzungen und umweltbezogenen Risiken entlang der Lieferkette (vgl. Bundesministerium für Wirtschaft und Klimaschutz 2023).

Das ARUG II und die Neufassung des DCGK hatten im Jahr 2020 erhebliche Veränderungen in den regulatorischen und rechtlichen Anforderungen an die Vorstandsvergütung zur Folge (vgl. Beile und Schmid 2023, S. 5).

Tab. 3.1 stellt die Änderungen des ARUG II sowie die Empfehlungen des DCGK dar, die einen direkten Einfluss auf die Vergütung des Vorstands haben.

Die Rechtsgrundlagen wurden durch das ARUG II im Jahr 2020 in das Aktiengesetz (AktG) integriert. Nach geltendem Recht beziehen sich diese Regelungen ausschließlich auf börsennotierte Gesellschaften, die zur Umsetzung verpflichtet sind (vgl. Magers et al. 2022, S. 199).

Neben den Anforderungen des AktG sind Unternehmen auch an die Empfehlungen des DCGK gebunden, die in § 161 Abs. 1 AktG verankert sind (vgl. Zülch et al. 2023, S. 1873). Diese gelten jedoch als Empfehlungen, sodass Abweichungen zulässig sind. Im Falle einer Abweichung muss gemäß der gesetzlichen Regelung eine Begründung sowie eine Aufstellung der Abweichungen vorgelegt werden. Die Grundsätze des DCGK folgen somit dem „Comply-or-Explain"-Ansatz (vgl. Magers et al. 2022, S. 192).

Im Folgenden wird näher auf die in der Tab. 3.1 aufgeführten Vorschriften des AktG und des DCGK eingegangen und deren Wechselwirkungen betrachtet. Zunächst wird die Änderung des Nachhaltigkeitsbegriffs durch das ARUG II und den DCGK sowie die zugrunde liegenden Hintergründe beleuchtet. Im Anschluss wird der Vergütungsbericht und das darin enthaltene Vergütungssystem sowie dessen Gestaltung beschrieben. Den Abschluss bildet die Erläuterung des „Say-on-pay"-Konzepts bzw. des Votums der Hauptversammlung.

3.2 Die Evolution des Nachhaltigkeitsbegriffs im ARUG II und DCGK

Im ARUG II ersetzte der Gesetzgeber in § 87 Abs. 1 S. 2 AktG die Bezeichnung „nachhaltige Unternehmensentwicklung" durch „nachhaltige und langfristige Entwicklung der Gesellschaft", wenn es um die Ausrichtung der Vergütungsstruktur geht (vgl. *Gesetz zur*

Umsetzung der zweiten Aktionärsrechterichtlinie (ARUG II). Bundesministerium der Finanzen 2019). Bis zum Inkrafttreten des ARUG II war nach vorherrschender Meinung eine Ausrichtung auf eine „nachhaltige Unternehmensentwicklung" in dem Fall gegeben, wenn das Vergütungssystem an einem längerfristigen wirtschaftlichen Interesse ausgerichtet war (vgl. Regelin 2023, S. 52). Der Ausdruck „nachhaltige Unternehmensentwicklung" wurde erstmals im Jahr 2009 durch das VorstAG als Reaktion auf die Finanzmarktkrise in das Aktiengesetz aufgenommen. Fehlerhafte Verhaltensanreize, die auf kurzfristige Vergütungsstrukturen zurückzuführen sind, begünstigten diese Krise (vgl. Fleischer 2009, S. 801–806).

Die genaue Bedeutung des Nachhaltigkeitsbegriffs wird im Gesetz nicht klar definiert. Lediglich in der Beschlussempfehlung des Rechtsausschusses zur ARUG II wird verdeutlicht, dass der Aufsichtsrat bei der Festsetzung der Vergütungsanreize auch soziale und ökologische Gesichtspunkte „in den Blick zu nehmen" (Bundestagsrechtsausschuss 2019, S. 55) habe, indem er den Begriff „nachhaltig" und „langfristig" doppelt (vgl. Arnold et al. 2021, S. 141). G. 24 Abs. 3 des DCGK bestätigt die Aussage des § 87 Abs. 1 S. 2 AktG, dass die Vergütungsstruktur börsennotierter Gesellschaften „auf eine nachhaltige und langfristige Entwicklung der Gesellschaft auszurichten" (*Deutscher Corporate Governance Kodex.* Regierungskommission Deutscher Corporate Governance Kodex 2022) ist.

Weder der DCGK noch § 87 Abs. 1 S. 2 AktG geben Anweisungen, ob und wie ESG-Ziele im Vergütungssystem zu vereinbaren sind. Die Entscheidungsfreiheit liegt daher weitgehend bei den Aufsichtsräten (vgl. Arnold et al. 2021, S. 145; Vgl. Köckeritz 2023, S. 1341; Zülch et al. 2023, S. 1878).

3.3 Vergütungssystem und Vergütungsbericht

Das Vergütungssystem stellt ein in die Zukunft (ex ante) gerichtetes Regelwerk dar (vgl. Magers et al. 2022, S. 200). Gemäß § 87a Abs. 2 S. 1 AktG hat der Aufsichtsrat die Vergütung der Vorstandsmitglieder im Einzelfall festzusetzen. Auch wenn § 87a AktG keine inhaltlichen Vergütungselemente vorsieht, stellt er dennoch eine Verpflichtung zur Festlegung bestimmter Vergütungselemente dar. Eine Maximalvergütung muss daher gemäß § 87 Abs. 1 S. 2 Nr. 1 AktG festgelegt werden. Allerdings ist die Höhe dieser Vergütung nicht gesetzlich vorgeschrieben (vgl. Bundestagsrechtsausschuss 2019, S. 56; Spindler 2020, S. 64). Darüber hinaus legt der § 87a Abs. 1 S. 2 Nr. 4 AktG fest, dass im Vergütungssystem alle finanziellen und nichtfinanziellen Leistungskriterien für die Gewährung variabler Bestandteile enthalten sein sollen. Dazu gehören eine Erläuterung, wie diese Kriterien dazu beitragen, die Geschäftsstrategie zu fördern und die Gesellschaft langfristig zu entwickeln, sowie eine Darstellung der Methoden zur Feststellung der Erfüllung der Leistungskriterien (vgl. Beile und Schmid 2023, S. 5).

Die Übergangsregelung des § 26j Abs. 1 S. 3 EGAktG in Verbindung mit § 87a Abs. 2 S. 2 AktG schafft eine bedeutende Möglichkeit für die Vergütung von Vorstandsmitgliedern, die vor der Billigung eines neuen Vergütungssystems bestellt worden sind. Diese Regelung ermöglicht es, dass Vorstandsmitglieder, die vor Einführung des neuen

Vergütungssystems bestellt worden sind, weiterhin nach den bestehenden Vergütungssystemen und damit abweichend vom bisherigen System, vergütet werden.

Mit der Gestaltung des Vergütungssystems kann prospektiv die Motivation von Vorständen beeinflusst werden (vgl. Austrup und Blomberg 2014, S. 86; Vanini 2018, S. 50). Vergütungssysteme haben das Ziel, Führungskräfte zum gewünschten Verhalten zu motivieren. Ein optimales Vergütungssystem hilft dabei, die Divergenz zwischen den Interessen des Vorstandes und den Interessen des Unternehmens zu verringern, indem es die erste dem letzteren annähert (vgl. Austrup und Blomberg 2014, S. 84; Velte et al. 2018, S. 271). Dies stellt daher eine bedeutende Herausforderung für die Corporate Governance dar (vgl. Velte et al. 2018, S. 271).

Das AktG grenzt im § 162 Abs. 1 S. 2 Nr.1 AktG zwischen einem festen und variablen Vergütungsbestandteil ab, macht indes keine Angaben bezüglich der Short Term Incentives (STI) oder Long Term Incentives (LTI). § 87 Abs. 1 S. 3 AktG stellt hingegen fest, dass variable Vergütungsbestandteile eine Bemessungsgrundlage von mehreren Jahren haben sollten.

Der DCKG ist bei der Festlegung der variablen Vergütungsbestandteile in seiner Empfehlung konkreter als die Vorgaben im AktG. Gemäß Empfehlung G. 1 des DCKG sollte bei der Gestaltung des Vergütungssystems angegeben werden, welchen Anteil die Festvergütung einerseits und die kurz- sowie langfristig variablen Vergütungsbestandteile andererseits haben sollen. Dabei wird in der Empfehlung G. 6 des DCGK hervorgehoben, dass die variable Vergütung, die aus der Erfüllung langfristig orientierter Ziele resultiert, den Anteil der kurzfristig orientierten Ziele übersteigen sollte.

Die geltenden Bestimmungen des Aktienrechts sowie die Vorschriften des DCGK legen fest, dass die Vergütung des Vorstands aus einer Kombination aus festen und variablen Elementen besteht. Abb. 3.1 bietet eine Übersicht über die verschiedenen Ausgestaltungen.

Die vom Aufsichtsrat festgelegte Maximalvergütung im Sinne des § 87a Abs. 1 S. 2 Nr. 1 AktG umfasst alle die in Abb. 3.1 dargestellten Bestandteile.

Die fixe Vergütung, auch Grundvergütung genannt, dient in erster Linie der Grundversorgung und honoriert die Qualifikation des jeweiligen Vorstandsmitglieds (vgl. Rottenecker 2024, S. 666; Velte und Eulerich 2013, S. 74). Sie sollte so bemessen sein, dass das Vorstandsmitglied nicht in finanzielle Schieflage gerät, wenn die variable Vergütung gering oder ganz ausfällt (vgl. Magers et al. 2022, S. 190). Entsprechend umfasst die Grundvergütung die Summe der Entgeltbestandteile, die unabhängig von der individuellen Leistung des Arbeitnehmers gewährt wird (vgl. Schuster 2022, S. 64). Dieser Bestandteil der Vergütung bietet somit keine Möglichkeit, Anreize für die Verfolgung von ESG-Zielen zu setzen.

Bei der zweiten Säule, der variablen Vergütung, ist dies im Sinne der Principal-Agent-Theorie durchaus im Rahmen des Möglichen.

Die Variabilität resultiert daraus, dass die tatsächliche Auszahlungssumme von Faktoren abhängt, die zum Zeitpunkt der Vergütungsvereinbarung noch nicht endgültig festgelegt sind (vgl. Magers et al. 2022, S. 190). Der Aufsichtsrat muss theoretisch stets in der Lage sein, unter Umständen keine variable Vergütung auszuzahlen (vgl. Duplois 2018,

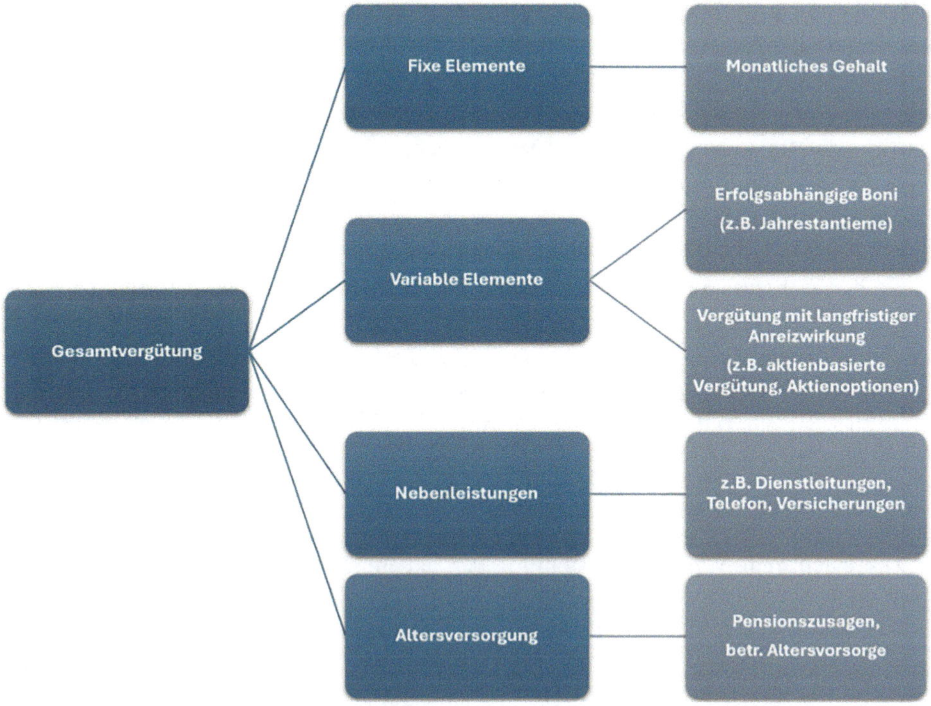

Abb. 3.1 Bestandteile der Gesamtvergütung von Vorständen. (Quelle: Eigene Darstellung in Anlehnung an Velte und Eulerich 2013, S. 74)

S. 217). I. d. R. lassen sich variable Vergütungsbestandteile in STI und LTI unterteilen, die jeweils auf kurzfristige und langfristige Zeiträume ausgerichtet sind. Boni und Tantiemen gehören eher zu den variablen Vergütungsbestandteilen mit kurzfristiger Ausrichtung, während Aktienprogramme eher zu den langfristigen zählen (vgl. Magers et al. 2022, S. 190).

Vereinzelt werden LTI in Middle Term Incentives (MTI) und LTI i.e.S. aufgeteilt. I. d. R. handelt es sich bei STI um Vergütungskomponenten, die an einjährige Zielvorgaben gebunden sind und zur zeitnahen Bezahlung von zentralen Leistungsträgern im Unternehmen dienen. Die konkreten Ziele sind meist finanzielle und ggf. nicht-finanzielle Erfolge der Gesellschaft sowie bestenfalls ebenso am individuellen Erfolg des Vorstandsmitglieds orientiert (vgl. Rottenecker 2024, S. 666; Timmer 2022, S. 180). Somit ist es das Ziel des STI, die kurzfristige, operative Perfomance zu erhöhen (vgl. Alter 2019, S. 389). Jedoch hat die variable Vergütung im STI auch Nachteile, da ein vorausschauendes und auf die Zukunft ausgerichtetes Handeln auf Kosten kurzfristiger Erfolge vernachlässigt werden könnte.

Dieser Herausforderung wird mit dem LTI begegnet. Diese Vergütungsform, meist an den Aktienkurs des Unternehmens angelehnt, soll dafür sorgen, dass langfristige und nachhaltige strategische Ziele verfolgt werden (vgl. Schuster 2022, S. 65–66). Dies kann dadurch erreicht werden, dass Ziele für einen Zeitraum von mehreren Jahren festgelegt werden und die Auszahlungen erst nach Ablauf einer im Voraus festgelegten, längeren Frist, erfolgen, die als „Sperrfrist" bezeichnet wird (vgl. Koch 2022, S. 134). Während die Formulierung im § 87 Abs. 1 S. 3 AktG, dass „variable Vergütungsbestandteile" eine „mehrjährige Bemessungsgrundlage" haben sollen, eher vage bleibt, präzisiert der DCGK diese Anforderung, indem er in der Empfehlung G. 10 explizit einen Zeitraum von vier Jahren für den langfristig variablen Teil vorgibt (vgl. *Deutscher Corporate Governance Kodex.* Regierungskommission Deutscher Corporate Governance Kodex 2022).

Es lässt sich zusammenfassen, dass mit der variablen Vergütung einerseits das kurzfristige Handeln zur Erreichung der gesetzten Ziele gefördert wird, während andererseits ein Fokus auf die Sicherstellung der langfristigen Performance gelegt wird.

In praxi existiert zudem eine besondere Situation, bekannt als „Deferral" (Verschiebung), bei der ein Teil des kurzfristigen Anreizes auf einen späteren Zeitpunkt verlegt wird. Diese Vorgehensweise ist oft an Aktien gekoppelt und somit nicht ausschließlich von den Erfolgskennzahlen des vergangenen Geschäftsjahres bestimmt (vgl. Koch 2022, S. 132).

Zusätzlich zum Vergütungssystem ist der aktienrechtliche Vergütungsbericht nach § 162 AktG das zentrale Element der Reform (vgl. Spindler 2020, S. 63). Der Vergütungsbericht, der auch in G. 26 des DCGK geregelt wird, konzentriert sich auf vergangene (ex post) Ereignisse und erfordert die Offenlegung spezifischer Informationen zur im vergangenen Geschäftsjahr gewährten oder geschuldeten Vergütung. Er zielt vor allem darauf ab, die Transparenz, die Rechenschaftspflicht des Vorstands und des Aufsichtsrats sowie die Kontrolle der Hauptversammlung zu unterstützen (vgl. Magers et al. 2022, S. 200).

Gemäß § 162 Abs. 3 AktG unterliegt der Vergütungsbericht einer formellen Prüfung durch den Abschlussprüfer, der darüber hinaus einen gesonderten Bestätigungsvermerk zu erteilen hat. Ferner ist der Vergütungsbericht gemäß § 162 Abs. 4 AktG für die Dauer von zehn Jahren auf der Internetseite der Gesellschaft unentgeltlich zugänglich zu machen.

Der Vergütungsbericht ist gemäß § 26j Abs. 2 EGAktG erstmals für das Geschäftsjahr zu erstellen, das nach dem 31.12.2020 beginnt. Bei kalenderjahrgleichem Geschäftsjahr demnach für das Geschäftsjahr 2021 im Jahr 2022.

3.4 Vergütungsvotum

Durch die Überarbeitung der Aktionärsrechterichtlinie erhalten Aktionäre nicht nur erweiterte Informationen über die Vorstandsvergütung, sondern können auch Einfluss auf die Vergütungspolitik nehmen. Ein Vorgehen, das unter dem Begriff „Say on Pay" bekannt ist (vgl. Heinen 2019, S. 50).

§ 120a AktG regelt das Votum der Hauptversammlung über die Vergütung. Infolgedessen muss die Hauptversammlung unbedingt über jede wesentliche Änderung des Vergütungssystems für die Vorstandsmitglieder entscheiden, und zwar mindestens alle vier Jahre.

Darüber hinaus ist gemäß § 120a Abs. 4 und 5 AktG jedes Jahr das Votum der Hauptversammlung hinsichtlich des Vergütungsberichts einzuholen. Aus Transparenzgründen sind die Abstimmungsergebnisse gemäß § 120a Abs. 2 AktG zeitnah auf der Internetseite der Gesellschaft zu veröffentlichen und den Anlegern für die Dauer der Geltung der beschlossenen Vergütungspolitik, mindestens jedoch zehn Jahre, kostenlos zur Verfügung zu stellen (vgl. Velte 2020, S. 56).

Auch wenn das Votum der Hauptversammlung unbedingt einzuholen ist, ist es nur konsultativ und muss nicht beachtet werden. Wird das Vergütungssystem von der Hauptversammlung abgelehnt, gilt Folgendes: In der nächsten ordentlichen Hauptversammlung muss der Aufsichtsrat zunächst ein gemäß § 120a Abs. 3 AktG überprüftes (nicht unbedingt überarbeitetes) Vergütungssystem vorlegen. Der Aufsichtsrat kann die Vergütung bis dahin jedoch gemäß dem abgelehnten Vergütungssystem festlegen (vgl. Bundesregierung 2019, S. 74–75).

Der letzte Satz des G. 8 DCGK steht im Zusammenhang mit dieser Regelung, da er festlegt, dass die Hauptversammlung grundsätzlich mit beratendem Charakter über die Billigung des vom Aufsichtsrat vorgelegten Vergütungssystems für die Vorstandsmitglieder entscheidet (vgl. *Deutscher Corporate Governance Kodex.* Regierungskommission Deutscher Corporate Governance Kodex 2022).

Dies unterstreicht die Bedeutung der Transparenz und die Einbindung der Aktionäre in die Vergütungsentscheidungen, obwohl das Votum konsultativ bleibt.

Abschließend lässt sich konstatieren, dass die Reform des Aktiengesetzes durch das ARUG II und die Empfehlungen des DCGK zwar einen wichtigen Schritt in Richtung Nachhaltigkeit darstellen und eine Orientierungshilfe bieten, jedoch keine zwingende Berücksichtigung von ESG-Kriterien vorschreiben.

4 Methodische Ausgestaltung der Untersuchung zur ESG-Integration

Zusammenfassung

Diese Studie untersucht die Integration von ESG-Kriterien in die Vorstandsvergütung sowie die Rolle des Chief Sustainability Officers (CSO) in DAX-Unternehmen. Im Fokus stehen die Vergütungsberichte der Jahre 2022 und 2023, wobei analysiert wird, in welchem Umfang ESG-Ziele in die Vergütungsmodelle eingeflossen sind und ob Unterschiede zwischen den DAX-Segmenten bestehen. Zudem wird geprüft, ob Unternehmen bereits einen CSO etabliert haben und ob dessen Existenz die ESG-Integration beeinflusst. Die Ergebnisse zeigen eine zunehmende Bedeutung von ESG-Kriterien, insbesondere in kurzfristigen Anreizplänen.

4.1 Forschungsmethodik

Das vorangegangene Kapitel verdeutlicht die grundlegenden Veränderungen, die der Gesetzgeber mit dem ARUG II eingeführt hat, sowie die Richtlinien des DCGK, die Unternehmen ein Rahmenwerk für die Erstellung von Vergütungsberichten und die Integration von ESG-Kriterien bieten. Trotz dieser Leitlinien bleiben die Vorgaben des DCGK eher empfehlender Natur, während das AktG vage bleibt.

Am Anfang jeder wissenschaftlichen Untersuchung steht die präzise Definition des Forschungsthemas, das den genauen Gegenstand der Untersuchung festlegt. Es ist notwendig, aus dem definierten Forschungsthema das Forschungsproblem oder die zentrale Fragestellung abzuleiten (vgl. Döring und Bortz 2016, S. 144–145).

Angesichts der aktuellen Umsetzung des ARUG II mangelt es an einem fundierten Vorwissen über seine Auswirkungen und Effektivität. Daher wurde zu Beginn der Untersuchung das folgende Forschungsthema mit begleitenden Forschungsfragen identifiziert:

P. Zens, C. Heiler, *Nachhaltig führen, nachhaltig belohnen*,
https://doi.org/10.1007/978-3-658-46937-5_4

Forschungsthema
Integration von ESG-Kriterien in der Vorstandsvergütung und die Rolle des CSOs

Forschungsfragen
1) *Inwieweit haben die DAX-Segmentunternehmen bereits ESG-Kriterien in den Vergütungsmodellen für Vorstände integriert?*
2) *Wie hat sich die Integration von ESG-Kriterien in den Vergütungsstrukturen von Vorständen im Zweijahresvergleich entwickelt?*
3) *Können DAX-Segmente mit stärkerer Integration von ESG-Themen im Vergütungsbericht identifiziert werden?*
4) *Existieren individuelle Abweichungen im Vergütungsmodell, bei denen bestimmte Vorstandsmitglieder nach einem älteren System vergütet werden, oder erhalten alle Vorstandsmitglieder die Vergütung gemäß dem aktuellen Modell?*
5) *Haben die Unternehmen bereits einen CSO oder ein Vorstandsmitglied mit ähnlicher Verantwortung etabliert und besteht ein Zusammenhang zwischen deren Existenz und der Integration von ESG-Kriterien in die Vorstandsvergütung der DAX-Segmentunternehmen?*

Die Forschungsfragen werden im Rahmen der Auswertungsergebnisse des Kapitels 4 fortlaufend beantwortet.

4.2 Forschungsstand und theoretischer Hintergrund

Im Zeitraum der empirischen Untersuchung (März bis Juni 2024) wurden die Geschäfts- und Vergütungsberichte der DAX-Segmentunternehmen veröffentlicht, sodass zeitgleich mit der Veröffentlichung die Rohdatenerhebung für diese Untersuchung stattgefunden hat. Die zeitliche Kongruenz führt dazu, dass zum Zeitpunkt des Buches keine Studien oder Untersuchungen zu diesem Forschungsthema erscheinen. Dies bestätigt eine Recherche zum Stand der Forschung.

Kohärente Studien aus der Vergangenheit
Das Thema wurde bereits in vergleichbarer Weise im Zusammenhang mit den Vergütungsstrukturen verschiedener DAX-Segmente für die Berichtsjahre vor 2023 untersucht.

So veröffentlichte die Hans-Böckler-Stiftung bereits im Jahr 2014 eine Studie, die die Einbindung von sozialen und ökologischen Kriterien in die Vorstandsvergütung in den Vergütungssystemen der Unternehmen im DAX 30 und MDAX für das Geschäftsjahr 2012 analysierte. Es konnten für das Geschäftsjahr 2012 in den Vergütungssystemen der Vorstände lediglich bei zehn der DAX 30-Unternehmen und sechs der MDAX-Unternehmen Kriterien nichtfinanzieller Natur gefunden werden (vgl. Hadwiger et al. 2014, S. 7).

In einer 2020 veröffentlichten empirischen Studie untersuchten Bannier und Schmidt die Integration von Nachhaltigkeitskriterien in Geschäftsberichten der DAX-Unternehmen in der Zeit von 2014 bis 2019. Während im Jahr 2014 27,3 % der betrachteten Vorstandsvergütungen Nachhaltigkeitskriterien enthielten, stieg dieser Anteil bis 2019 deutlich auf 36,1 % an. Bei einer Betrachtung der Häufigkeitsverteilung der einzelnen Nachhaltigkeitskriterien wurde deutlich, dass besonders hervorstechend die Kriterien „Mitarbeiterzufriedenheit“ und „Diversität“ sind, welche die soziale Komponente des Nachhaltigkeitskonzepts in deutschen Vorstandsvergütungen stark repräsentieren (vgl. Bannier und Schmidt 2020, S. 993).

In einer aktuelleren Studie der Hans-Böckler-Stiftung des Jahres 2023 wurde die ESG-Integration in den erstmals veröffentlichten Vergütungsberichten des Jahres 2021 der DAX 40- und MDAX-Unternehmen untersucht. Der Fokus der Analyse lag auf der Lokalisierung, der Art der Integration in den Vergütungsbericht sowie dem prozentualen Umfang der ESG-Kriterien an den variablen Vergütungsbestandteilen. Die Resultate der Untersuchung deuten darauf hin, dass ESG-Kriterien im STI-Plan im Vergleich zum LTI-Plan tendenziell öfter verankert sind. In den meisten Fällen beträgt der Anteil der nachhaltigen Vergütung an den variablen Vergütungskomponenten 20 % bis 25 % (vgl. Beile und Schmid 2023, S. 7–8).

Die Deutsche Schutzvereinigung für Wertpapierbesitz hat in Zusammenarbeit mit der Technischen Universität München im Rahmen der „Vorstandsvergütungsstudie 2023“ die Integration von ESG-Kriterien analysiert. Dabei wurden die für das Geschäftsjahr 2022 im Vergleich zum Vorjahr geltenden Vergütungssysteme für Vorstandsmitglieder der DAX 40-Unternehmen beleuchtet. Die Untersuchungsergebnisse ähneln zum Teil denen der Hans-Böckler-Stiftung des Jahres 2023. Dabei wird deutlich, dass ESG-Kriterien im kurzfristigen Anreizplan eher verankert sind als in der langfristigen Vergütung. Ebenfalls konnte festgestellt werden, dass innerhalb der drei Säulen E, S und G die Umwelt- und Sozialziele die bedeutendste Rolle spielen. Das Thema Governance liegt hingegen auf dem letzten Platz, zeigt jedoch im Vergleich zum Vorjahr einen deutlichen Anstieg. Nach genauer Analyse erweisen sich unter den Umweltaspekten der „Klimaschutz“, die „Verringerung des Energieverbrauchs“, die „Senkung der CO_2-Emissionen“ und die „Umstellung auf nachhaltigere Materialien“ als die am häufigsten genannten Kriterien für die Vergütung der DAX-Vorstände. Zu den bedeutendsten sozialen Kriterien gehören die „Kunden- und Mitarbeiterzufriedenheit“ sowie die Aspekte „Diversität“ und „Inklusion“. Im Bereich Governance werden „Datenschutz“, „Compliance“ sowie „Produkt- und Servicequalität“ oft berücksichtigt (vgl. Tüngler et al. 2023, S. 184–185).

Im Verlauf der Studien wird deutlich, dass das Thema ESG-Integration in den Vergütungsstrukturen der DAX-Vorstände zunehmend an Bedeutung gewinnt. Jedoch offenbaren die Ergebnisse auch, dass es an ausreichender Transparenz bezüglich der Form der Verankerung mangelt (vgl. Beile und Schmid 2023, S. 12; Tüngler et al. 2023, S. 185).

4.3 Untersuchungsdesign

Aufgrund verpflichtender Transparenzgebote ist es ratsam, bei der Untersuchung eines wirtschaftlichen Forschungsaspekts auf die in den DAX-Indizes DAX 40, MDAX, SDAX und TecDAX gelisteten Konzerne des Prime Standards der Frankfurter Wertpapierbörse zurückzugreifen, da diese Unternehmen eine „Vorbildfunktion" innehaben (vgl. Pilhofer & Herr 2017, S. 4). Auch die vorliegende Studie befasst sich mit der Untersuchung der 160 DAX-Segmentunternehmen und konzentriert sich hauptsächlich darauf zu analysieren, in welchem Ausmaß ESG-Kriterien in den Vergütungsstrukturen der Vorstandsmitglieder verankert sind. Zudem wird untersucht, ob die Unternehmen innerhalb des Vorstands die Position des CSOs haben und wie sich diese Integration im Zweijahresvergleich entwickelt.

Untersuchungsgegenstand sind deren jüngste nach § 162 AktG veröffentlichte Vergütungsberichte der beiden Geschäftsjahre 2022 und 2023. Zwecks Schaffung einer besseren periodenübergreifenden Vergleichbarkeit wird bei der Systematisierung der Datengrundlage für beide Geschäftsjahre auf die Zusammensetzung der Indizes zum 15.03.2024 abgestellt.

Zur Abgrenzung der in die Untersuchung einzubeziehenden Unternehmen werden unter Berücksichtigung branchen- und wirtschaftszweigspezifischer Regelungen zunächst 15 der insgesamt 160 Unternehmen ausgeschlossen, deren Geschäftszweck überwiegend in der Erbringung von Finanzdienstleistungen (Bank-, Leasing- und Versicherungsdienstleistungen) besteht. Die Identifikation dieser Branchen erfolgt über das Branchenclustering der *Deutschen Börse*, welches im Abb. 4.1 dargestellt ist (vgl. Deutsche Börse AG 2024).

Ebenfalls von der Analyse ausgeschlossen werden Unternehmen mit Sitz im Ausland, da diese keinen Vergütungsbericht gemäß §162 AktG veröffentlichen.

Unternehmen, die im Jahr 2023 den Börsengang vollzogen haben, werden ebenfalls ausgeschlossen, da für diese Unternehmen erst der Vergütungsbericht für das Jahr 2023 vorliegt und somit kein Zweijahresvergleich möglich ist (Börsengänge 2023: IONOS Group SE, Schott Pharma AG & Co. KGaA und Thyssenkrupp Nucera AG & Co. KGaA).

Zudem werden die Unternehmen *Borussia Dortmund GmbH & Co. KGaA* und die *Sto SE & Co. KGaA* nicht mit aufgenommen, da sie keine Angaben zum Vergütungssystem der Vorstände gemacht haben. Grund hierfür liegt in der Rechtsform als Kommanditgesellschaft auf Aktien, die keinen Vorstand im Sinne einer AG oder SE haben und somit nicht unter den Wortlaut des § 162 AktG fallen (vgl. Borussia Dortmund GmbH & Co. KGaA 2024; Sto SE & Co. KGaA 2024).

Abb. 4.2 zeigt die Abgrenzung der untersuchten Grundgesamtheit auf.

Aufgrund einer Cyberattacke im Februar 2024 auf das SDAX-Unternehmen *Varta* wurde die Veröffentlichung des Geschäfts- und Vergütungsberichts bis auf weiteres verschoben (vgl. Varta AG 2024). Da zum Zeitpunkt der empirischen Analyse diese Berichte

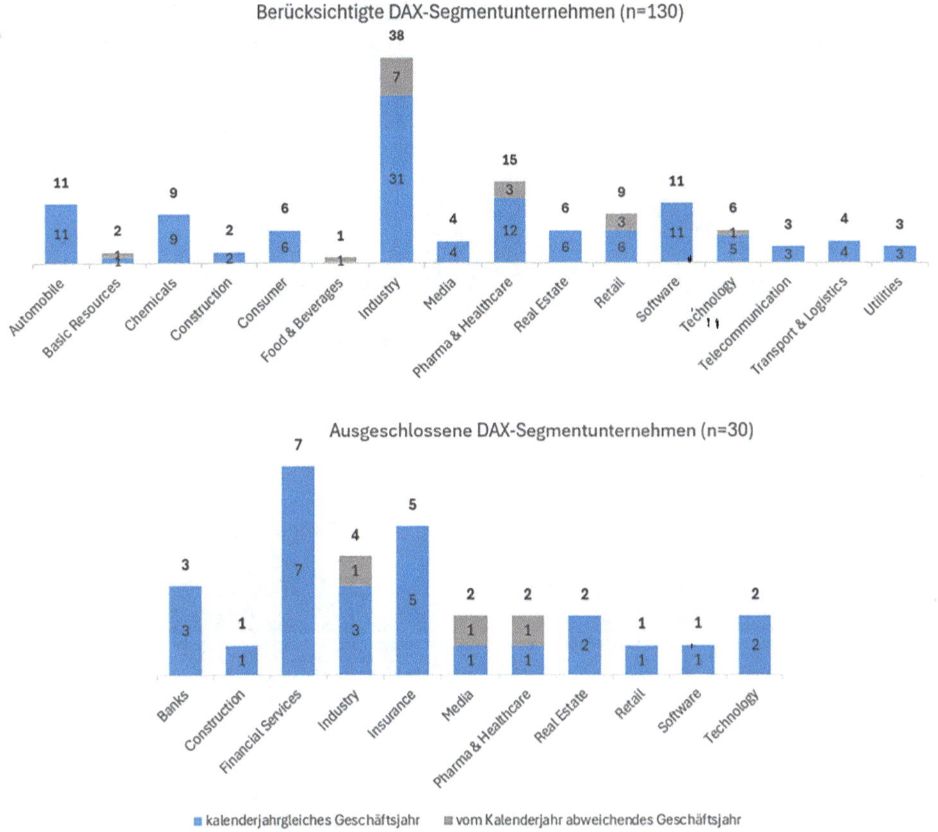

Abb. 4.1 Sektorenklassifizierung. (Quelle: Eigene Darstellung)

nicht vorliegen, wird die Varta AG ebenfalls von der Analyse ausgeschlossen, womit sich die finale analysierte Grundgesamtheit aus n = 130 beläuft. Bei insgesamt 16 der analysierten Unternehmen, die ein vom Kalenderjahr abweichendes Geschäftsjahr gewählt haben, wird auf die jeweils zuletzt veröffentlichten Vergütungs- und Geschäftsberichte zurückgegriffen (Stand 10.06.2024). Gleichwohl wird im Folgenden für diese 16 Unternehmen vereinfachend von „Geschäftsjahr 2023“ bzw. „Geschäftsjahr 2022“ gesprochen.

Die Datenanalyse erfolgt vorwiegend mit der Tabellenkalkulationssoftware Microsoft Excel. Sämtliche für die Untersuchung relevanten Informationen werden in einer Excel-Datei zusammengetragen, aufbereitet und analysiert, wie im elektronischen Anhang dokumentiert. Die Analyse erfolgt vor allem durch die Erstellung von Diagrammen, um die Ergebnisse für jeden Forschungsbereich klar und verständlich zu visualisieren. Gemäß den Forschungspunkten in Abschn. 4.1 sind die nachfolgenden Abschnitte strukturiert und präsentieren die Ergebnisse dieser empirischen Forschung in prägnanter Form.

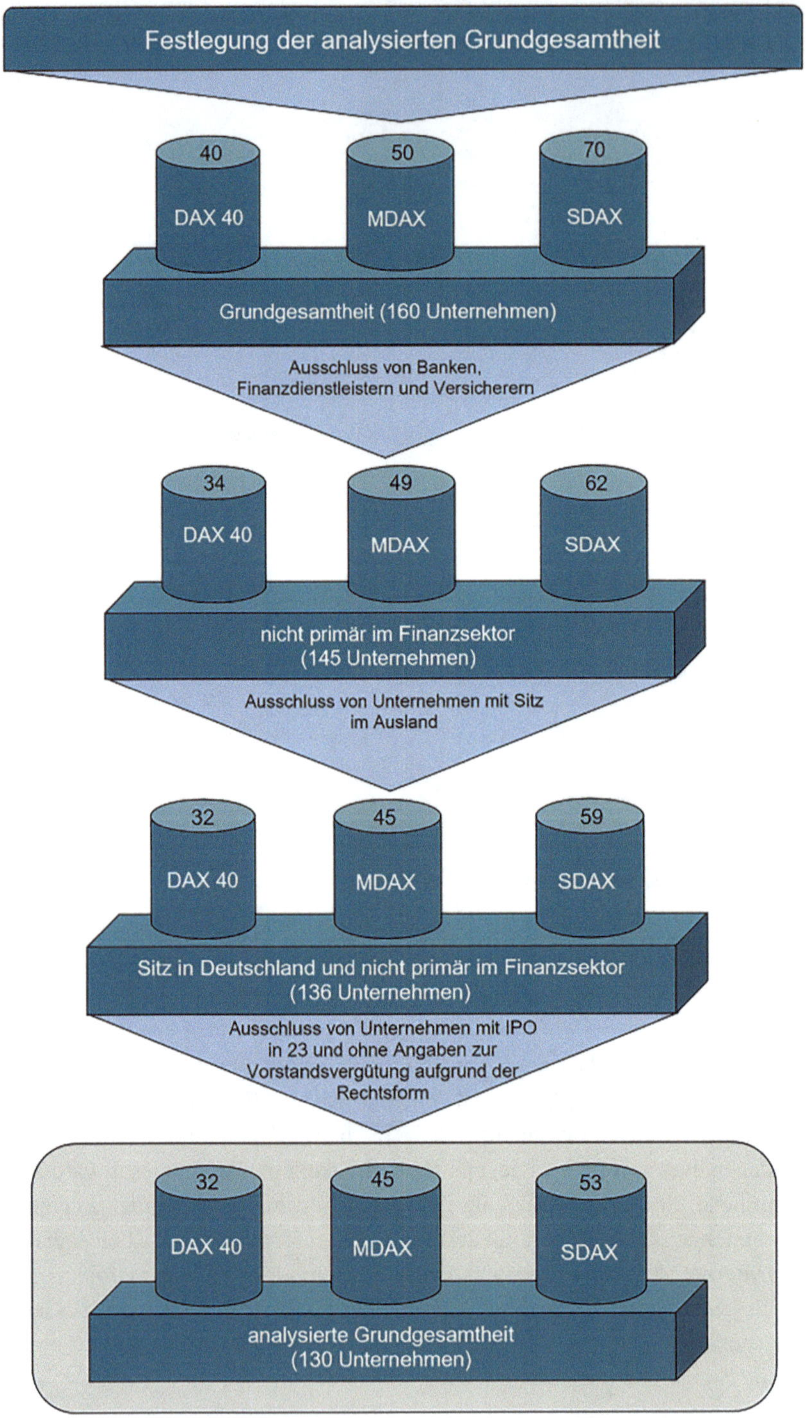

Abb. 4.2 Abgrenzung der Grundgesamtheit. (Quelle: Eigene Darstellung in Anlehnung an Pilhofer et al. 2017, S. 313)

4.4 Operationalisierung

Im Kontext der Operationalisierung werden standardisierte Messinstrumente ausgewählt, um die Forschungsfragen in quantifizierbare Variablen umzusetzen, die anschließend analysiert werden können (vgl. Döring und Bortz 2016, S. 223).

Für die vorliegende Abhandlung wird als Messinstrument eine Analyse gewählt, welche verschiedene Untersuchungsaspekte über alle Unternehmen des DAX-Segments hinweg im Zweijahresvergleich erfasst:

- Ort der ESG-Einbindung
  - Lokalisierung des Integrationsortes der ESG-Ziele anhand der Kriterien „STI-Plan", „LTI-Plan", „STI und LTI-Plan", „Keine Integration".
- Methodik der ESG-Einbindung
  - Untersuchung der Form der Integration anhand der Aspekte „Prozentualer Anteil", „ESG-Multiplikator", „Teilziele des ESG-Multiplikators", „Individuelle Zielvereinbarung" sowie „Spezialform" in den jeweiligen Plänen.
- Verhältnis ESG-Ziele zu allen genannten Zielen
  - Ermittlung des relativen Anteils von ESG-Ziele zu allen genannten Zielen.
- Gewichtung der ESG-Ziele innerhalb der Integrationsform
  - Erfassung der tatsächlich angegebenen Gewichtungen von ESG-Ziele in den Integrationsformen „Prozentualer Anteil", „Multiplikator" und „Teilziele des Multiplikators".
- Konsistenz der Vergütungssysteme für Vorstandsmitglieder
  - Analyse, ob die Vergütung aller Vorstandsmitglieder gemäß des aktuellen Vergütungssystems erfolgt oder ob einige nach einem alten System vergütet werden.
- Klassifizierung aller genannten ESG-Ziele
  - Erfassung aller genannten ESG-Ziele und Zuordnung in die Klassen E, S, G und ESG.
  - Erstellung eines Rankings der am häufigsten genannten ESG-Ziele.
- Präsenz eines CSOs oder ESG-Verantwortlichen im Vorstand
  - Identifikation von Unternehmen mit „CSO with impact" sowie Kategorisierung dieser in „Typ 1" und „Typ 2" CSOs.
  - Gegenüberstellung von Unternehmen mit einem „CSO with impact" und solchen ohne, um einen möglichen Zusammenhang mit der ESG-Integration zu analysieren.

Die Ergebnisse dieser Untersuchungsaspekte werden im Folgenden in der oben beschriebenen Reihenfolge vorgestellt.

Ergebnisse und Erkenntnisse zur ESG-Integration

5

Zusammenfassung

In diesem Kapitel werden verschiedene empirische Ergebnisse präsentiert. Zunächst wird der Ort und die Form der ESG-Integration thematisiert, gefolgt von einer Analyse des Verhältnisses der ESG-Ziele zu den übrigen Zielen im STI-Plan sowie deren Gewichtung im LTI- und STI-Plan im Vergleich der letzten zwei Jahre. Darüber hinaus wird die Rolle des CSO in den untersuchten Unternehmen umfassend betrachtet und bewertet.

5.1 Ort der ESG-Integration

Im ersten Forschungsbereich wird untersucht, ob und in welchen Abschnitten der Berichte die Unternehmen ESG-Ziele in die variable Vergütung der Vorstände einbinden. Es wird analysiert, ob diese Ziele in den kurzfristigen, langfristigen oder in beiden Vergütungsplänen verankert sind. Da dieser Untersuchungsaspekt die Geschäftsjahre 2022 und 2023 umfasst, ermöglicht die Analyse die Entwicklung über diesen Zweijahreszeitraum aufzuzeigen. Abb. 5.1 verdeutlicht den Ort der Integration im Zweijahresvergleich.

Die Datenanalyse offenbart eine deutliche Entwicklung über die DAX-Segmente im Zeitraum der Geschäftsjahre 2022 und 2023. Während im Jahr 2022 noch 26 Unternehmen, was 20 % entspricht, ESG-Ziele in ihre variable Vergütung nicht integrierten, reduzierte sich diese Zahl im Folgejahr auf 20 Unternehmen bzw. 16 %. Diese Verbesserung spiegelt einen positiven Trend wider, jedoch bleibt der Anteil der Unternehmen ohne ESG-Integration aus Sicht des Autors immer noch hoch. Dies steht im Kontrast zu der Einführung des ARUG II im Jahr 2021 sowie den Empfehlungen des DCGK, die eine stärkere Berücksichtigung dieser Ziele nahelegen.

P. Zens, C. Heiler, *Nachhaltig führen, nachhaltig belohnen*,
https://doi.org/10.1007/978-3-658-46937-5_5

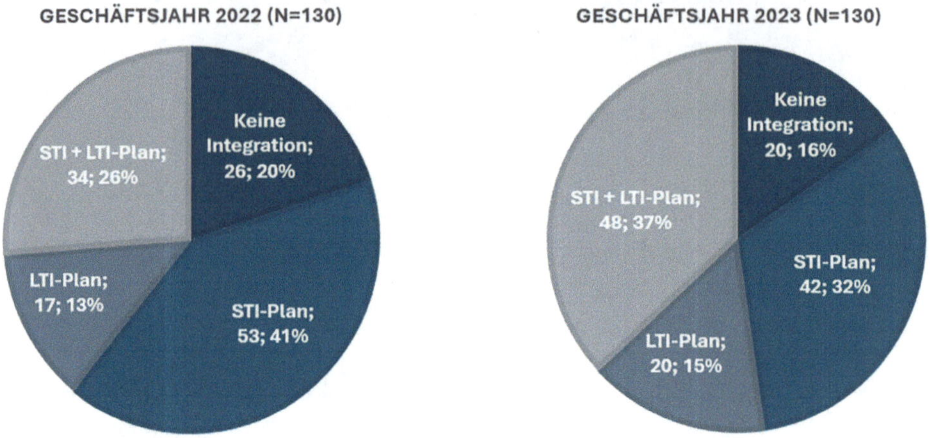

Abb. 5.1 Ort der Integration im Zweijahresvergleich. (Quelle: Eigene Darstellung)

Einige Unternehmen, die bisher keine ESG-Ziele in die variable Vergütung ihrer Vorstände integrierten, äußern sich jedoch zu dieser Thematik. So erläutert der Aufsichtsrat der *Auto1 Group* in den Vergütungsberichten der Jahre 2022 und 2023, dass das Unternehmen die Signifikanz von ESG durchaus erkennt, jedoch keine Notwendigkeit sieht, diese Kriterien in die Vorstandsvergütung aufzunehmen (vgl. Auto1 Group SE 2023, S. 3, 2024, S. 3).

Ähnlich verhält es sich bei dem im Marketing tätigen Unternehmen *Ströer*. Trotz eines Beschlusses des Aufsichtsrats aus dem Jahr 2021, das Vergütungssystem entsprechend anzupassen und Pläne für eine zukünftige Ausgestaltung zu veröffentlichen, sind bis einschließlich 2023 keine ESG-Kriterien in der variablen Vergütung verankert worden. Erst für das Jahr 2024 ist die Anwendung des neuen Systems vorgesehen. Diese Verzögerung wirft ein deutliches Licht auf die Diskrepanz zwischen *Ströers* öffentlicher Anerkennung als Finalist beim Deutschen Nachhaltigkeitspreis 2023 und der realen Umsetzung von Nachhaltigkeitszielen im Unternehmen (vgl. Ströer SE & Co. KGaA o.J., 2024). Dies verdeutlicht, dass zwischen dem bekundeten Engagement für Nachhaltigkeit und dessen praktischer Durchführung eine signifikante Lücke besteht.

Das Medizintechnologieunternehmen *Carl Zeiss Meditec*, welches in beiden Berichtsperioden keine ESG-Ziele integriert, verdeutlicht die Auslegungsfähigkeit des Nachhaltigkeitsbegriffs. In den Vergütungsberichten 2022 und 2023 wird dies wie folgt beschrieben: „Durch die Gewährung eines mehrjährigen variablen Vergütungsbestandteils soll dem Ziel der langfristigen und nachhaltigen Entwicklung Rechnung getragen werden“(Carl Zeiss Meditec AG 2023, S. 77, 2024, S. 81). Dieses Beispiel zeigt, dass es trotz der Begriffsdoppelung durch das ARUG II immer noch Unternehmen gibt, die unter dem Nachhaltigkeitsbegriff den rein zeitlichen Aspekt verstehen.

Eine Auflistung aller Unternehmen ohne ESG-Integration in der Vorstandsvergütung findet sich in Appendix B.

Im Jahr 2022 haben 104 Unternehmen (80 %) ESG-Ziele in der variablen Vergütung verankert, während im Jahr 2023 bereits 110 Unternehmen (85 %) zu verzeichnen sind.

Der Ort der Integration zeigt dabei bemerkenswerte Veränderungen. Während im Jahr 2022 die Mehrheit der Unternehmen (53; 41 %) ESG-Ziele primär in ihre kurzfristigen Anreizpläne festsetzt, dominiert 2023 die Integration in kurz- und langfristige Anreizpläne mit einem Anteil von 37 %. Diese Verlagerung hin zur Berücksichtigung von ESG-Zielen in beiden Anreizsystemen lässt sich positiv bewerten. Insb. vor dem Hintergrund, dass Nachhaltigkeitsziele effektiver verfolgt werden können, wenn sie über einen längeren Zeitraum bewertet und incentiviert werden. Darüber hinaus hat sich der Anteil der Unternehmen, die ESG-Ziele ausschließlich in ihren langfristigen Anreizplänen festsetzen, von 13 % im Jahr 2022 auf 15 % im Jahr 2023 erhöht.

Ein anderes Bild ergibt sich, wenn die Integrationsorte von ESG-Zielen innerhalb der DAX-Segmente betrachtet werden. Abb. 5.2 zeigt den Integrationsort innerhalb der DAX-Segmente auf.

In den Jahren 2022 und 2023 führt der SDAX mit der fehlenden Integration von ESG-Kriterien: Mit 19 und anschließend 15 Unternehmen. Ebenfalls ist der SDAX führend, wenn es um die Integration in STI-Pläne geht. Hier zeigt sich deutlich, dass es Raum für Verbesserungen gibt. Gegensätzlich dazu zeigt sich der DAX 40 was den Integrationsort angeht. Im Geschäftsjahr 2022 implementiert nur ein Unternehmen (*Dr. Ing. h.c. F. Porsche*) keine ESG-Ziele, während im darauffolgenden Jahr alle Unternehmen ESG-Ziele in ihre variable Vergütung einbeziehen. Der Grund hierfür ist der Börsengang im September 2022, wodurch *Dr. Ing. h.c. F. Porsche* noch das alte Vergütungssystem an-

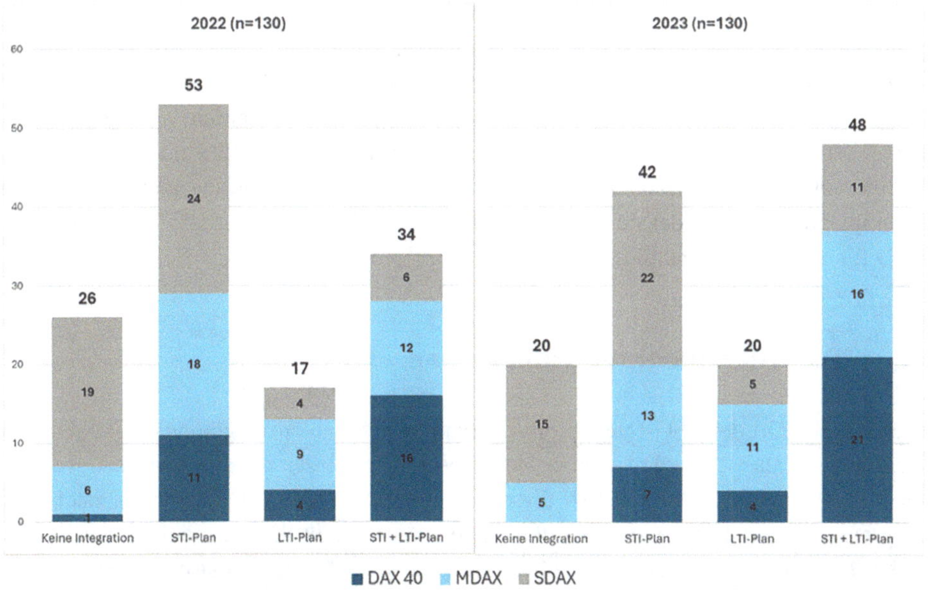

Abb. 5.2 Ort der ESG-Integration nach DAX-Segmenten. (Quelle: Eigene Darstellung)

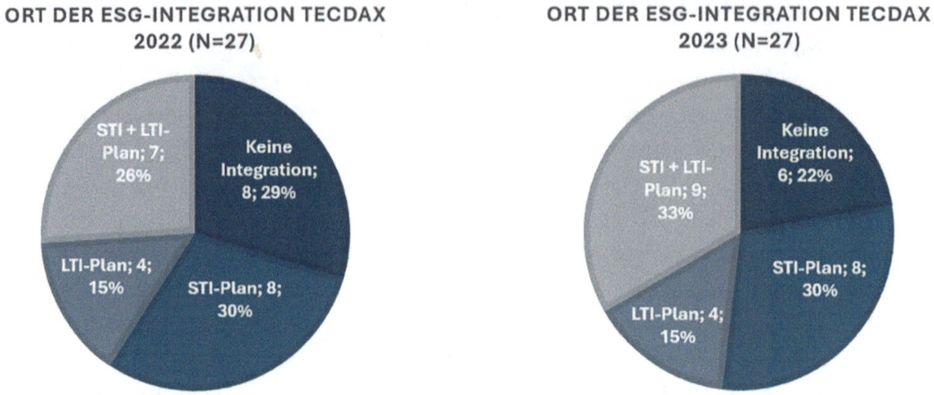

Abb. 5.3 Ort der Integration TecDAX. (Quelle: Eigene Darstellung)

wendet (vgl. Dr. Ing. h.c. F. Porsche AG 2022). Auch bei der Integration in STI + LTI-Pläne ist der DAX 40 in den Jahren 2022 und 2023 mit 16 von 34 Unternehmen und anschließend 21 von 48 führend.

Der TecDax setzt sich aus Unternehmen der DAX-Segmente DAX 40, MDAX und SDAX zusammen und enthält daher keine neuen Unternehmen. Deshalb wird dieser in der empirischen Analyse stets gesondert betrachtet. Von den 30 Unternehmen in der Grundgesamtheit werden drei ausgeschlossen, wodurch sich die analysierte Grundgesamtheit auf 27 reduziert. Abb. 5.3 zeigt, dass der Anteil der Unternehmen im TecDax, die keine ESG-Kriterien integrieren, in beiden Geschäftsjahren erheblich ist (2022: 29 %, 2023: 22 %).

Dies lässt sich u. a. darauf zurückführen, dass von den 27 untersuchten TecDAX-Unternehmen neun aus dem SDAX und 13 aus dem MDAX stammen. In diesen Segmenten ist der Anteil der Unternehmen ohne Integration höher als im DAX 40. Dennoch ist eine positive Tendenz erkennbar: Während 2022 nur 26 % der Unternehmen ESG-Ziele in ihre STI- und LTI-Pläne einbeziehen, steigt dieser Anteil im Jahr 2023 auf 33 %.

Eine vollständige Übersicht aller Unternehmen, die ESG-Kriterien einbinden, sowie deren Integrationsort findet sich in Appendix C für das Geschäftsjahr 2022 und in Appendix D für das Geschäftsjahr 2023.

5.2 Form der Integration im STI-Plan

Nachdem der Ort der ESG-Integration innerhalb der variablen Vergütungsstrukturen von Vorständen evaluiert wurde, widmet sich dieses Kapitel der detaillierten Analyse verschiedener Integrationsformen. Ab diesem Zeitpunkt werden die Ergebnisse nach den Integrationsorten STI-Plan und LTI-Plan getrennt dargestellt. Dies ermöglicht eine spezifische Betrachtung, da sich die Vergütungsformen je nach Integrationsort unterscheiden, was wiederum Rückschlüsse darüber zulässt, in welchem Teil der variablen Vergütung und mit welcher Intensität ESG-Kriterien berücksichtigt werden.

Im Fokus stehen zunächst die Integrationsformen im Rahmen des STI für die Geschäftsjahre 2022 und 2023. Im Verlauf der Analyse können vier Hauptformen der ESG-Integration identifiziert werden:

1) **Prozentualer Anteil:** ESG-Ziele werden mit einem fixen prozentualen Anteil an die Gesamtzielerreichung gekoppelt. Diese Methode ist aus Autorensicht die transparenteste, da der vorab festgelegte Zielbetrag direkt und mit einem relativen Anteil an die Zielerreichung eines ESG-Zieles geknüpft ist.
2) **ESG/Nachhaltigkeits-Multiplikator:** Nach Erreichung der finanziellen Ziele kommen Spannweiten (z. B. 0,8–1,2) zum Einsatz, die je nach Zielerreichung dem Zielbetrag einen Abschlag oder Zuschlag geben (auch als Modifier oder Faktor bekannt).
3) **ESG als Teilziele eines Multiplikators:** In dieser Form werden innerhalb des Multiplikators ESG-Ziele genannt, wobei auch andere nicht-finanzielle Ziele integriert sein können. Diese Form der Einbindung ist im Vergleich zum prozentualen Anteil weniger transparent, da oft Ziele innerhalb des Multiplikators genannt werden, ohne dass eine klare Gewichtung vorliegt und somit die genaue Zielerreichung im Nachhinein oft unklar bleibt.
4) **Individuelle Zielvereinbarung:** Anders als in den ersten drei Formen, gibt es hier keine gemeinschaftlichen Ziele für alle Vorstandsmitglieder. Stattdessen werden individuelle ESG-Ziele vereinbart, was entweder per Multiplikator oder über einen prozentualen Anteil geschehen kann.

Zusätzlich zu diesen vier etablierten Formen werden vereinzelt Unternehmen identifiziert, die ESG-Ziele in einer als „Spezialform" kategorisierten Weise integrieren. Die darunterfallenden Integrationsformen und die dazugehörigen Unternehmen werden im späteren Verlauf vorgestellt, spielen jedoch eine untergeordnete Rolle.

Abb. 5.4 illustriert die verschiedenen Formen der Integration im STI-Plan für die Jahre 2022 und 2023 und bildet die Grundlage für die weiteren Analysen in den folgenden Kapiteln.

Der Anteil der Unternehmen, die ESG-Ziele mittels prozentualer Gewichtung integrieren, steigt von 58,62 % im Jahr 2022 auf 64,44 % im Jahr 2023. Diese Methode ist die am häufigsten genutzte Form der Integration. Andere Formen, wie individuelle Zielvereinbarungen oder ESG-Multiplikatoren, bleiben vergleichsweise weniger verbreitet.

Der Anstieg des Anteils bei der Integrationsform „Prozentualer Anteil" lässt sich darauf zurückführen, dass Unternehmen im Vorjahr keine ESG-Integration im STI vornahmen und zum anderen, dass sich die Integrationsformen verändert haben. Ein Beispiel für diese Veränderung ist *Daimler Truck*. Im STI-Plan des Geschäftsjahres 2022 sind ESG-Ziele in Form eines „Zuschlags" verankert. Bei einer Zielerreichung von 100 % wäre ein Zuschlag von 35 % möglich gewesen. Bei einer Zielerreichung von 0 % gibt es entsprechend keinen Zuschlag, jedoch auch keinen Abschlag, wie es bei dem Multiplikator der Fall ist. Diese Integrationsform fällt unter „Spezialform", da die Integration über einen reinen „Zuschlag" eher die Ausnahme darstellt. Im Vergütungsbericht 2023 verändert sich die Form der Integration zu prozentualem Anteil.

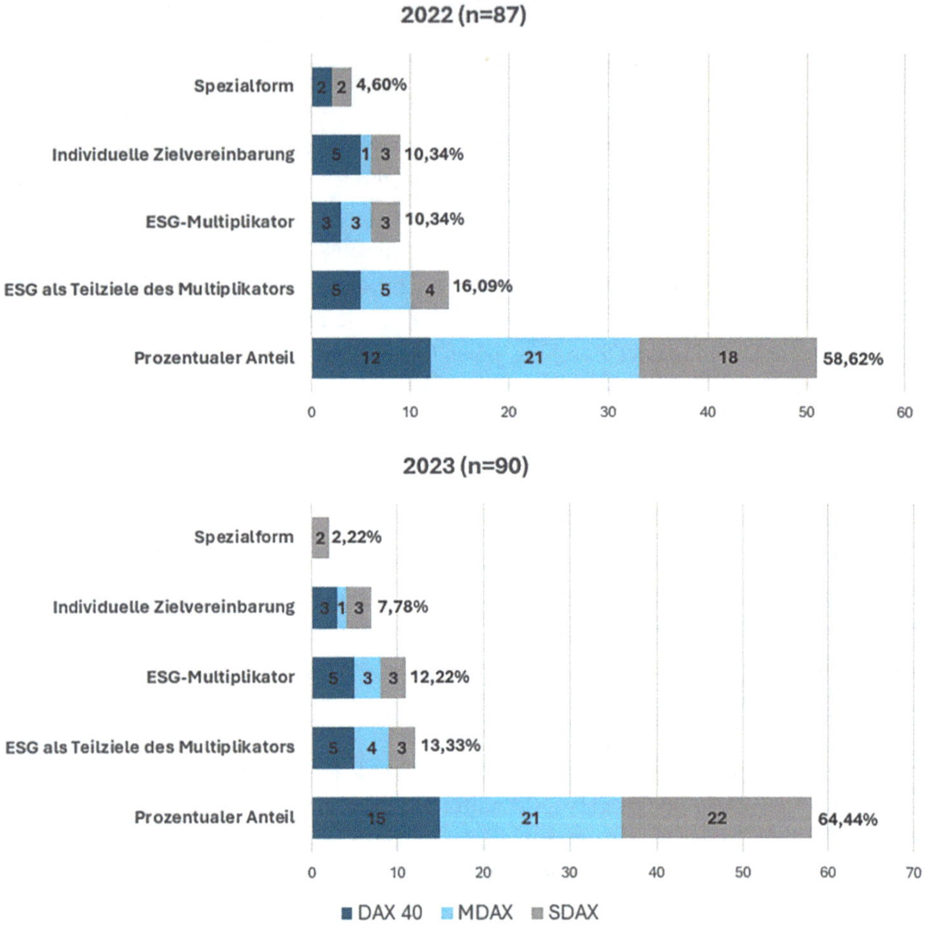

Abb. 5.4 Formen der Integration im STI-Plan. (Quelle: Eigene Darstellung)

Ein Beispiel für die erstmalige Verankerung im STI stellt der IT-Dienstleister *Cancom* dar. Im Geschäftsjahr 2022 sollen laut Vergütungssystem ESG-Ziele im STI verankert werden. So steht im Vergütungssystem beim nichtfinanziellen Ziel (Gewichtung 40 %), dass mindestens ein Kriterium mit Nachhaltigkeitscharakter zu erfüllen sei. Das genannte Ziel ist jedoch „Projektfortschritt ERP-System", welches aus Sicht des Autors nicht mit Nachhaltigkeit in Verbindung zu bringen ist (vgl. Cancom SE 2023, S. 5–9). Im Geschäftsjahr 2023 wird das Ziel auf „Verbesserung des ESG-Ratings" geändert, wodurch ESG-Ziele erstmals konkret im STI verankert werden (vgl. Cancom SE 2024, S. 14).

Abb. 5.5 veranschaulicht die unterschiedlichen Integrationsformen der TecDAX-Unternehmen im STI-Plan.

Es wird deutlich, dass die Integrationsform „Prozentualer Anteil" im Jahr 2022 mit 67 % (10 von 15 Unternehmen) dominiert und im Geschäftsjahr 2023 auf 77 % (13 von 17 Unternehmen) ansteigt.

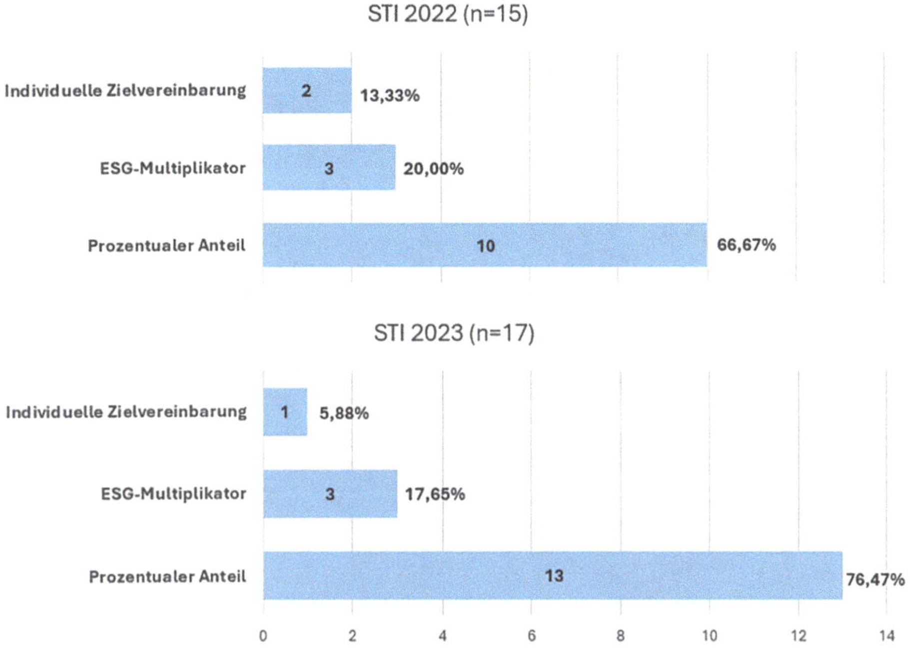

Abb. 5.5 ESG-Integrationsform TecDAX STI. (Quelle: Eigene Darstellung)

5.3 Form der Integration im LTI-Plan

In der Analyse der LTI-Pläne werden verschiedene Formen der ESG-Integration identifiziert, darunter „Prozentualer Anteil", „ESG-Multiplikator", „ESG als Teilziele des Multiplikators" und vereinzelte „Spezialformen". Im Gegensatz dazu ist die im STI gefundene „individuelle Zielvereinbarung" im LTI-Plan nicht vorzufinden. Abb. 5.6 zeigt die unterschiedlichen Formen der Integration im LTI-Plan auf.

Die Gesamtzahl der Unternehmen, die ESG-Ziele in jeglicher Form integrieren, steigt von 51 auf 68, was einem Anstieg von rund 33 % entspricht. Dies unterstreicht das Engagement der Unternehmen für langfristige Nachhaltigkeitsziele und stellt einen bedeutenden Beitrag zur Förderung einer nachhaltigen Unternehmensentwicklung dar.

Der „Prozentuale Anteil" bleibt dabei in den betrachteten Geschäftsjahren 2022 und 2023 die vorherrschende Methode mit einem Anteil von je 82,35 %.

Die Zahlen verdeutlichen eine steigende Tendenz im Vergleich zu den kurzfristigen Vergütungsplänen sowie eine verstärkte Fokussierung auf langfristige Nachhaltigkeitsziele. Die Segmente DAX 40 und MDAX dominieren in sämtlichen Integrationsformen über die Jahre hinweg, während der SDAX eine sichtbare Verbesserung mit einem Anstieg von 19 % im Jahr 2022 auf 23 % im Jahr 2023 in der Form des „Prozentualen Anteils" zeigt.

Das im SDAX gelistete und im Bereich Fluidverbindungstechnik tätige Unternehmen *Norma* integriert ESG-Ziele in beiden Geschäftsjahren ausschließlich im LTI-Plan und

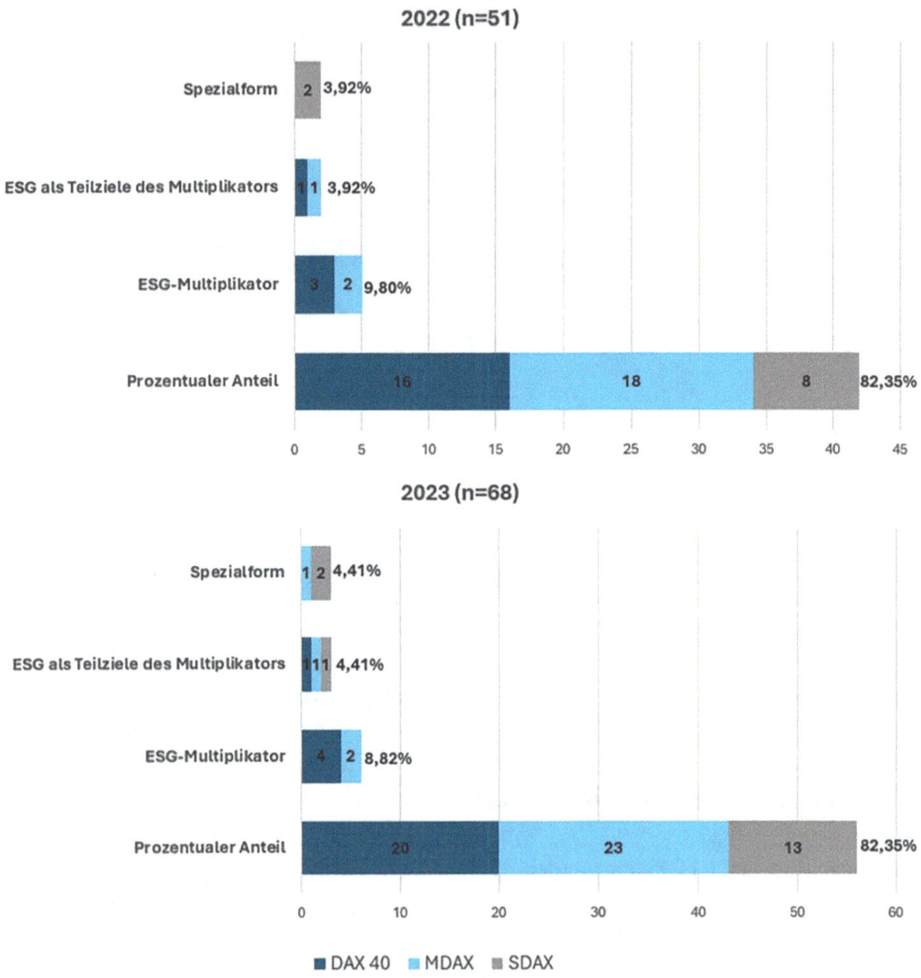

Abb. 5.6 Formen der Integration im LTI-Plan. (Quelle: Eigene Darstellung)

fällt unter die Kategorie „Spezialform". Der LTI-Plan des Unternehmens ist in zwei separate Pläne gegliedert: Den „NOVA-LTI" und den „ESG-LTI". Der „NOVA-LTI" (Norma Value Added) konzentriert sich ausschließlich auf finanzielle Leistungsindikatoren. Die zugrunde liegende Formel für die Berechnung dieser Leistung ist EBIT (Earnings before interest and taxes) x (1-s) minus das Produkt aus dem gewichteten durchschnittlichen Kapitalkostensatz (WACC) und dem investierten Kapital. Der sich daraus ergebende Wert wird dann mit dem Zielbetrag pro Vorstandsmitglied multipliziert. Im Gegensatz dazu spezifiziert der „ESG-LTI" keine expliziten Ziele, sondern bietet lediglich Beispiele, an denen sich der Aufsichtsrat orientieren kann. Der Zielbetrag für jedes Vorstandsmitglied im Rahmen des „ESG-LTI" entspricht 20 % des Jahresgehalts und erstreckt sich über eine Laufzeit von drei Jahren. Die Auszahlung der vollen 20 % erfolgt bei einer Zielerreichung von 100 %. Hierbei bleibt jedoch unklar, welche spezifischen Ziele erreicht werden sollen, da diese nicht konkret benannt werden. (vgl. Norma Group SE 2024, S. 208–234).

Diese differenzierte Struktur im LTI-Plan der *Norma* stellt eine unkonventionelle Integrationsform von ESG-Zielen dar und wird aus diesem Grund der Kategorie „Spezialform“ zugeordnet.

Auch der Augenoptikhersteller und -vertreiber *Fielmann* wird in beiden Geschäftsjahren der Kategorie „Spezialform“ kategorisiert. Das Unternehmen verwendet dabei folgendes System zur Integration von ESG-Zielen: Für die STI- und LTI-Pläne werden der Jahresüberschuss sowie ein Korrekturfaktor als zentrale Zielkomponenten festgelegt. Dieser Korrekturfaktor reflektiert das spezifische Ziel der „Kundenzufriedenheit“. Allerdings werden von *Fielmann* keine detaillierten Angaben zur Variabilität dieses Faktors gemacht. Es wird lediglich festgehalten, dass bei der abschließenden Berechnung der Vergütung das Ziel der „Kundenzufriedenheit“ als erreicht angesehen wird, wodurch der Korrekturfaktor den Wert 1 annimmt. Das Unternehmen liefert keine weiteren Informationen darüber, wie sich ein Unter- oder Überschreiten der Kundenzufriedenheitsziele auf den Korrekturfaktor auswirken würde (vgl. Fielmann Group AG 2023, 2024).

Im Geschäftsjahr 2023 wird die Kategorie „Spezialform“ durch das Unternehmen *Stabilus* erweitert. Im Gegensatz zum vorherigen Geschäftsjahr, in dem in keinem Teil der variablen Vergütung ESG-Ziele verankert wurde, erfolgt im Geschäftsjahr 2023 eine Integration dieser Ziele in dem LTI-Plan. Diese Form der Integration unterscheidet sich deutlich von den meisten im DAX gelisteten Unternehmen. Neben dem standardmäßigen LTI-Plan, der zwei finanzielle Kriterien an ein fiktives Aktienprogramm koppelt, implementiert *Stabilus* einen separaten ESG-LTI-Plan. Dieser Plan ist abhängig von der Erreichung zweier ESG-Ziele und legt den Zielbetrag auf 20 % der Grundvergütung fest (vgl. Stabilus SE 2024, S. 17).

Abb. 5.7 verdeutlicht die Methoden der ESG-Integration in den LTI-Plänen der TecDAX-Unternehmen.

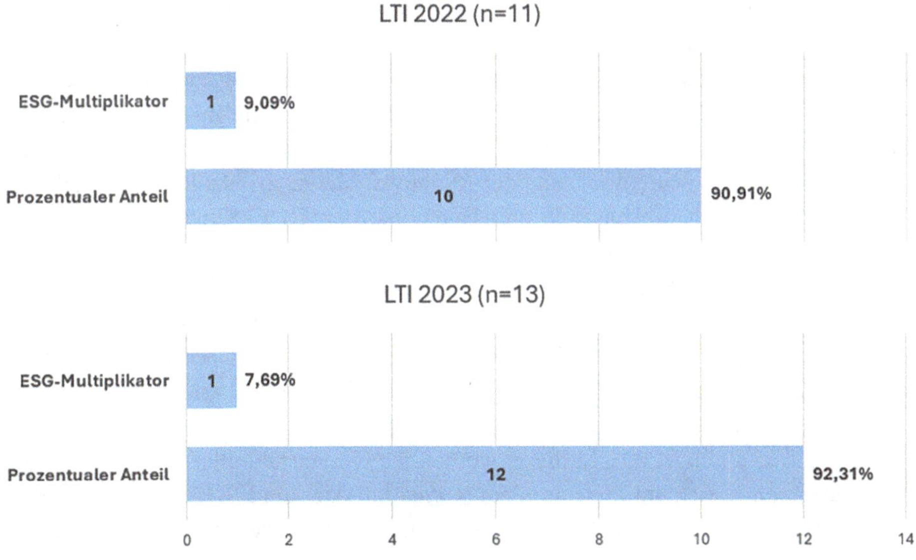

Abb. 5.7 ESG-Integrationsform TecDAX LTI. (Quelle: Eigene Darstellung)

Im Vergleich der Jahre 2022 und 2023 zeigt sich eine Zunahme der Unternehmen, die ESG-Ziele in ihre LTI-Pläne integrieren. Während im Jahr 2022 insgesamt 11 Unternehmen ESG-Ziele auf diese Weise berücksichtigten, steigt die Zahl im Jahr 2023 auf 13 Unternehmen, was einem Anstieg von 18 % entspricht. Im TecDAX dominiert insb. die Integrationsform des „Prozentualen Anteils", die in beiden Geschäftsjahren bei über 90 % der Unternehmen Anwendung findet. Generell werden im TecDAX lediglich zwei verschiedene Integrationsformen im LTI beobachtet: Der „Prozentuale Anteil" und der „ESG-Multiplikator". Letzteres wurde dabei jeweils nur von einem Unternehmen pro Geschäftsjahr angewendet, von *SMA Solar Technology* im Jahr 2022 und von *Evotec* im Jahr 2023.

5.4 Verhältnis ESG-Ziele zu den Zielen im STI-Plan

Im Rahmen dieser Untersuchung wurde festgestellt, dass die Integration von ESG-Kriterien in Vorstandsvergütungssystemen der DAX-Unternehmen in diversen Ausprägungen erfolgt. Dies führt zu einer Herausforderung hinsichtlich der Vergleichbarkeit der Gewichtungen dieser Ziele, da sie entweder über Multiplikatoren oder prozentuale Anteile variieren. Um eine konsistente Analysebasis über die gesamte Stichprobe hinweg zu gewährleisten, konzentriert sich die Untersuchung auf die Anzahl der explizit genannten ESG-Ziele und deren Anteil an der Gesamtzahl aller Zielnennungen. Es wird darauf geachtet, ausschließlich gemeinschaftliche bzw. ressortübergreifende Ziele einzubeziehen. Dementsprechend werden die Unternehmen mit der Integrationsform „Individuelle Zielvereinbarung" aus der Analyse ausgeschlossen.

Im „Normalfall" wird bspw. ein ESG-Ziel, wie die „Reduktion der Treibhausgasemissionen", neben mehreren finanziellen Zielen genannt. Während des Untersuchungsprozesses tritt jedoch die Problematik auf, dass ESG-Ziele oftmals Unterziele umfassen. Um Verzerrungen in der Datenanalyse zu vermeiden, werden in diesen Fällen ausschließlich die Oberziele in die Berechnung des Anteils der ESG-Ziele einbezogen. Ein illustratives Beispiel hierfür bietet *SAP*, dessen Vergütungssystem im Rahmen des STI-Plans 2022 sowohl finanzielle Ziele wie „Current Cloud Backlog", „Wachstum der Cloud- und Softwareerlöse" sowie „Wachstum der operativen Marge" beinhaltet. Zusätzlich sind im Bereich der Nachhaltigkeitsziele drei Unterziele definiert: „Kunden-Net-Promoter-Score", „Mitarbeiter-Engagement-Index" und „CO_2-Leistung" (vgl. SAP SE 2023, S. 5).

Bei einer Zusammenzählung sämtlicher Ziele würde sich ein Verhältnis von 50 % für die ESG-Ziele ergeben, was jedoch ein verzerrtes Bild darstellen würde. Eine realistischere Berechnung setzt das Verhältnis eins (ein Nachhaltigkeits-Oberziel) zu vier (drei finanzielle Ziele plus ein Nachhaltigkeitsziel) an, was einem Anteil von 25 % entspricht.

Um die Relevanz der ESG-Unterzielnennungen dennoch zu berücksichtigen, wird eine separate Analyse durchgeführt. In dieser werden die Gesamtzahl aller ESG-Ziele, unabhängig davon, ob es sich um Ziele aus dem Normalfall oder um ESG-Unterziele handelt, erfasst und segmentweise innerhalb des DAX analysiert. Diese methodische Herangehensweise ermöglicht eine differenzierte Betrachtung der ESG-Zielintegration in der Vorstandsvergütung und stellt die Vergleichbarkeit über alle untersuchten Unternehmen hinweg sicher.

Wenn in der Analyse ein ESG-Multiplikator verwendet wird, gilt dieser als ein ESG-Ziel. Bei der Integration von ESG-Zielen als Teilziele innerhalb eines Multiplikators werden sämtliche Ziele, einschließlich der Unterziele des Multiplikators, zusammengezählt, um die Verhältnisse der ESG-Ziele im Vergleich zur Gesamtheit aller Ziele zu ermitteln.

Bei der Analyse des Anteils der ESG-Ziele an allen genannten Zielen im STI-Plan 2022 werden 78 Unternehmen mit einbezogen. Diese Zahl ergibt sich aus 87 Unternehmen, die im Jahr 2022 ESG-Ziele im STI-Plan integrieren, abzüglich 9 Unternehmen mit der Integrationsform „Individuelle Zielvereinbarung".

Das arithmetische Mittel liegt in den verschiedenen DAX-Segmenten nah beieinander. Der DAX 40 führt mit einem Durchschnittswert von 35,66 %. Am anderen Ende des Spektrums befindet sich der TecDAX mit einem durchschnittlichen Wert von 30 %. Über alle DAX-Segmente hinweg lässt sich ein Mittelwert von 32,63 % ermitteln. Tab. 5.1 vergleicht die Anteile der ESG-Ziele an allen genannten Zielen im STI-Plan.

Obwohl das arithmetische Mittel eine Vorstellung generiert, welchen Anteil die ESG-Ziele an allen genannten Zielen ausmachen, ist der Median in diesem Kontext ein besserer Indikator. Die Kastengrafik stellt für die Visualisierung die geeignetste Methode dar, da sie den Median verwendet, welcher im Vergleich zum Mittelwert weniger anfällig für Ausreißer ist und somit ein zuverlässigeres Bild der zentralen Tendenz vermittelt. Zudem ermöglicht sie durch ihre klare Darstellung der Datenverteilung eine schnelle Einschätzung der Tendenzen und erleichtert den Vergleich zwischen verschiedenen Segmenten, um Unterschiede deutlich zu erkennen. Abb. 5.8 zeigt den Anteil der ESG-Ziele an allen genannten Zielen im STI für das Jahr 2022 auf.

Der DAX 40 und der SDAX weisen Mediane bei etwa 33,33 % auf, was bedeutet, dass im Durchschnitt ein Drittel der genannten Ziele bei den meisten Unternehmen dieser Indizes aus ESG-Zielen besteht. Der MDAX sticht besonders hervor durch seine große Spannweite von 14,29 % bis 100 %, mit einem Ausreißer bei 100 %. Diesen Ausreißer stellt das im Bereich Online-Essensbestellung tätige Unternehmen *Delivery Hero* dar, welches seine kurzfristige variable Vergütung vollständig an die Erreichung von ESG-Zielen bindet. In dem Geschäftsbericht 2022 beschreibt *Delivery Hero*, dass der jährliche Bonus für 2022 ausschließlich auf ESG-Zielen basiert, was die Bedeutung von nachhaltigen Unternehmenszielen unterstreicht (vgl. Delivery Hero SE 2023, S. 40). Hingegen weisen die

Tab. 5.1 Anteile der ESG-Ziele an allen genannten Zielen im STI-Plan 2022 (n = 78)

Segment	μ
DAX 40	35,66 %
MDAX	31,64 %
SDAX	33,22 %
TecDAX	30,00 %
Alle Segmente	**32,63 %**

Quelle: Eigene Darstellung

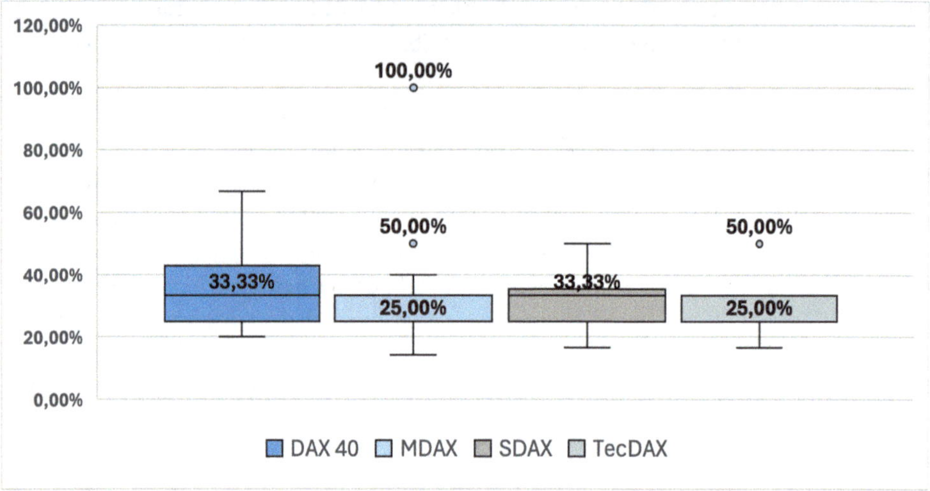

Abb. 5.8 Anteil ESG-Ziele an allen genannten Zielen im STI 2022 (n = 78). (Quelle: Eigene Darstellung)

Segmente MDAX und TecDAX einen Median von 25 % auf und liegen somit deutlich hinter den Medianwerten von SDAX und DAX 40. Dies deutet auf eine weniger umfangreiche Einbindung von ESG-Zielen in die Vorstandsvergütung dieser Indizes hin. Außerdem lässt die Größe der Boxen Rückschlüsse auf die Streuung der Werte zu. Während der DAX 40 eine größere Box aufweist, die eine breitere Streuung und somit eine höhere Variabilität der ESG-Zielanteile zeigt, sind die Boxen in den Segmenten SDAX und TecDAX kleiner, was einen geringeren Interquartilsabstand und eine stärkere Konzentration der Werte impliziert und somit auf eine geringere Variabilität schließen lässt.

Der Maximalwert im DAX 40 liegt bei 66,66 % und geht auf das Unternehmen *Mercedes-Benz Group* zurück. Dieses Unternehmen fällt bereits in die Kategorie „Spezialform“ hinsichtlich der Art der Integration von ESG-Zielen. Im STI für das Geschäftsjahr 2022 werden ESG-Ziele teils als Zu- oder Abschlag (+/- 10 % bzw. ein Verhältnis von 0,9 bis 1,1; Ziele betreffen Integrität, Kunden, Mitarbeiter, Chancengleichheit) und teils als reiner Zuschlag (0–25 %; Ziele im Bereich Umwelt und Sicherheit) berücksichtigt (vgl. Mercedes Benz Group AG 2023, S. 14). Diese Methoden der Einbindung stehen neben vorgelagerten finanziellen Zielen, wodurch sich ein Verhältnis von ESG-Zielen zu allen Zielen von zwei zu drei ergibt.

Auffällig ist auch der Minimalwert im MDAX, der mit 14,29 % den niedrigsten Anteil an ESG-Zielen über alle DAX-Segmente hinweg darstellt. Dieser Wert betrifft das Unternehmen *Evonik Industries*, welches ESG-Ziele als Teilziele innerhalb des Multiplikators integriert. Primär stehen vier finanzielle Ziele im Vordergrund und innerhalb des nachgelagerten Multiplikators werden drei weitere Ziele genannt, einschließlich eines Nachhaltigkeitsziels (vgl. Evonik Industries AG 2023, S. 7). Daraus resultiert ein Verhältnis des ESG-Ziels zu allen genannten Zielen von eins zu sieben, was 14,29 % entspricht.

Für die Analyse des Anteils der ESG-Ziele an allen genannten Zielen im STI-Plan 2023 werden 83 Unternehmen berücksichtigt. Diese Zahl resultiert aus 90 Unternehmen, die im Jahr 2023 ESG-Ziele im STI-Plan aufgenommen haben, abzüglich 7 Unternehmen mit der Integrationsform „Individuelle Zielvereinbarung".

Die präsentierten Daten in Tab. 5.2 illustrieren das arithmetische Mittel der Anteile von ESG-Zielen an allen Zielen über alle Unternehmen für das Geschäftsjahr 2023 im STI-Plan. Obgleich die Veränderungen zunächst marginal erscheinen, reflektieren sie, mit Ausnahme des MDAX, in allen Segmenten eine negative Entwicklung. Konkret verringert sich der durchschnittliche Anteil der ESG-Ziele an den Gesamtzielen über alle DAX-Segmente um 2,23 %, was eine rückläufige Entwicklung signalisiert. Um eine detailliertere Analyse zu ermöglichen, ist es ratsam, zusätzlich den Median und die Verteilung der relativen Anteile mittels Kastengrafik zu untersuchen. Abb. 5.9 vergleicht die Anteile der ESG-Ziele an allen genannten Zielen im STI für das Jahr 2023.

Tab. 5.2 Anteile der ESG-Ziele an allen genannten Zielen im STI-Plan 2023 (n = 83)

Segment	*μ*	*Veränderung zum Vorjahr*
DAX 40	34,85 %	-2,26 %
MDAX	31,70 %	+0,19 %
SDAX	32,00 %	-3,67 %
TecDAX	29,06 %	-3,13 %
Alle Segmente	**31,90 %**	**-2,23 %**

Quelle: Eigene Darstellung

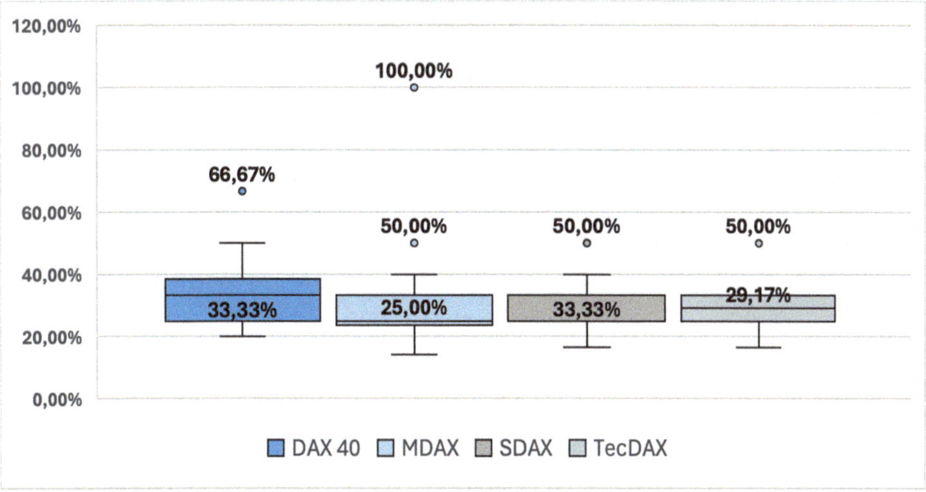

Abb. 5.9 Anteil ESG-Ziele an allen genannten Zielen im STI 2023 (n = 83). (Quelle: Eigene Darstellung)

Im Geschäftsjahr 2023 erweist sich der MDAX erneut als der Sektor mit der größten Bandbreite in der ESG-Zielintegration. Der Spezialchemiekonzern *Evonik Industries* markiert mit 14,29 % weiterhin das untere Ende des MDAX, während *Delivery Hero* mit einer vollständigen ESG-Zielintegration von 100 % aus den gleichen Gründen wie im Vorjahr erneut das obere Ende darstellt. Die Mediane in den Indizes DAX 40 und SDAX bleiben mit 33,33 % im Vergleich zum Vorjahr unverändert. Dagegen ist im TecDAX ein deutlicher Anstieg des Medians von 25 % auf 29,17 % zu verzeichnen. Dies ist vor allem darauf zurückzuführen, dass der Anteil der Unternehmen mit einem ESG-Zielanteil von 33,33 % von vier von 13 Unternehmen im Jahr 2022 auf sieben von 16 Unternehmen im Jahr 2023 gestiegen ist.

Darüber hinaus ist eine deutliche Verkleinerung der Box im DAX 40 mit einem Rückgang des Interquartilsabstandes von 17,95 % im Jahr 2022 auf 13,46 % im Jahr 2023 erkennbar. Dies deutet auf eine geringere Streuung der prozentualen Anteile der ESG-Ziele an den Gesamtzielen hin, was eine Verringerung der Variabilität impliziert. Trotz der in Tab. 5.2 dargestellten rückläufigen Entwicklung nach dem arithmetischen Mittel, lässt die Analyse mittels Boxplot und Median darauf schließen, dass im Vergleich zum Vorjahr eine Zunahme des Verhältnisses von ESG-Zielen an allen Zielen zu verzeichnen ist. Dies wird durch die Konstanz des Medians in drei der vier Segmente, den Anstieg im TecDAX sowie die abnehmende Variabilität im DAX 40 untermauert.

5.5 Verhältnis ESG-Ziele zu den Zielen im LTI-Plan

Analog zum vorangegangenen Kapitel wird der Anteil der ESG-Ziele an allen genannten Zielen im Rahmen des LTI-Plans mit demselben methodischen Ansatz analysiert. Im Gegensatz zur Analyse der ESG-Ziele im STI-Plan, bei der die Integrationsform „Individuelle Zielvereinbarung" aufgrund ihrer spezifischen Charakteristika ausgeschlossen werden musste, ist diese Methodik im LTI-Plan nicht vorherrschend. Daher umfasst die untersuchte Stichprobe insgesamt 51 Unternehmen.

Bei der ersten Betrachtung der Tab. 5.3 fällt auf, dass das arithmetische Mittel des ESG-Zielanteils beim LTI-Plan im Vergleich zu dem des STI-Plans höher ist. Während der Anteil beim STI-Plan in beiden Jahren bei rund 32 % beträgt, erreicht dieser beim LTI-Plan über alle DAX-Segmente hinweg knapp 40 %. Hervorzuheben ist der SDAX, der mit über 40 % den höchsten Durchschnittswert erreicht, während die anderen drei Segmente

Tab. 5.3 Anteile der ESG-Ziele an allen genannten Zielen im LTI-Plan 2022 (n = 51)

Segment	μ
DAX 40	38,51 %
MDAX	38,02 %
SDAX	41,67 %
TecDAX	38,18 %
Alle Segmente	**39,09 %**

Quelle: Eigene Darstellung

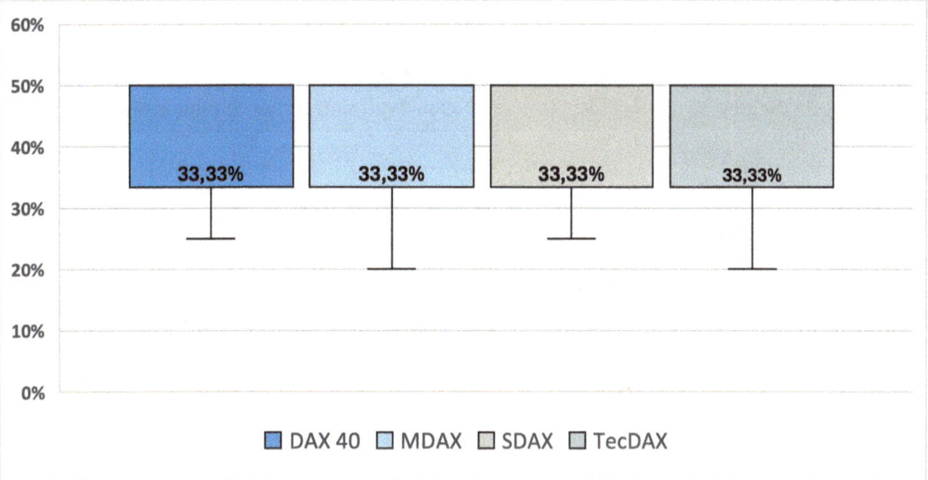

Abb. 5.10 Anteil ESG-Ziele an allen genannten Zielen im LTI 2022 (n = 51). (Quelle: Eigene Darstellung)

Werte um 38 % aufweisen. Wie im vorherigen Kapitel diskutiert, kann das arithmetische Mittel durch Ausreißer stark beeinflusst werden. Aus diesem Grund ist eine Analyse des Medians und der Verteilung sinnvoll, die in Abb. 5.10 dargestellt sind.

Die Kastengrafik zeigt, dass der Median über alle Segmente bei 33,33 % liegt und sich den Medianen der STI-Pläne für das Geschäftsjahr 2022 annähert. Auch die Maximalwerte sind in allen DAX-Segmenten gleich und liegen ohne Ausreißer bei 50 %. Bei den Minimalwerten gibt es hingegen Unterschiede: DAX 40 und SDAX beginnen bei 25 %, MDAX und TecDAX bei 20 %. Die Boxen weisen einen hohen Interquartilsabstand von 16,67 % auf, was darauf hinweist, dass die Verteilung der Daten über einen größeren Bereich gestreut ist und eine höhere Variabilität innerhalb der Segmente bedeutet.

Die Anteile der ESG-Ziele an allen Zielen sind über alle Unternehmen hinweg homogener als die im STI ermittelten Werte. Insb. der Anteil von 50 % tritt bei 22 der 51 Unternehmen auf, während 20 der 51 Unternehmen einen Anteil von 33,33 % aufweisen. Der Grund für den hohen Anteil an 50 %-Anteilen liegt in der homogenen Struktur des LTI-Plans, der über die untersuchten Unternehmen hinweg identifiziert wird. In diesen Fällen lässt sich ein ähnliches Muster feststellen: Der LTI-Plan, der i. d. R. eine Laufzeit von drei bis vier Jahren hat, ist häufig an den Total Shareholder Return (TSR) und an Nachhaltigkeits- bzw. ESG-Ziele gekoppelt. Dies führt häufig zu einem Verhältnis von eins zu zwei, wobei die tatsächliche Gewichtung der ESG-Ziele oft deutlich geringer ist, wie die folgenden Beispiele belegen:

Die in Tab. 5.4 dargestellten Beispiele stellen nur einen Ausschnitt dar. Es gibt zahlreiche weitere Unternehmen, die ihre LTI-Pläne ähnlich ausgestaltet haben, was den hohen Anteil von 50 % erklärt. Die Kennzahl ist daher mit Vorsicht zu interpretieren.

Tab. 5.4 Beispielhafte Zielnennungen in LTI-Plänen 2022

Unternehmen [DAX-Segment]	*Zielnennungen mit Gewichtung*
Infineon Technologies AG [DAX 40]	80 % TSR; 20 % ESG-Ziele (vgl. Infineon Technologies AG 2023, S. 4)
LEG Immobilien SE [MDAX]	80 % TSR; 20 % ESG-Ziele (vgl. LEG Immobilien SE 2023, S. 84)
Rational AG [MDAX]	75 % ROCE; 25 % Nachhaltigkeitsziele (vgl. Rational AG 2023, S. 106)
Ceconomy AG [SDAX]	80 % TSR; 20 % nicht-finanzielle Erfolgsziele (vgl. Ceconomy AG 2023, S. 206)
KSB SE & Co. KGaA [SDAX]	80 % EPS; 20 % Nachhaltigkeitsziele (vgl. KSB SE & Co. KGaA 2023, S. 15)
Salzgitter AG [SDAX]	70 % ROCE; 30 % Stakeholder-Ziele (vgl. Salzgitter AG 2023, S. 5)

Quelle: Eigene Darstellung

Tab. 5.5 Anteile der ESG-Ziele an allen genannten Zielen im LTI-Plan 2023 (n = 68)

Segment	*μ*	*Veränderung zum Vorjahr*
DAX 40	38,14 %	-0,96 %
MDAX	39,14 %	+2,95 %
SDAX	38,54 %	-7,50 %
TecDAX	37,44 %	-1,95 %
Alle Segmente	**38,31 %**	**-2,00 %**

Quelle: Eigene Darstellung

Bei der Analyse des Verhältnisses von ESG-Zielen zu allen Zielen des LTI-Plans für das Geschäftsjahr 2023 werden, wie auch bei der Analyse für das Geschäftsjahr 2022, keine Formen der Integration ausgeschlossen. Somit werden alle Unternehmen analysiert, die ESG-Ziele in jeglicher Form einbeziehen (n = 68). In Tab. 5.5 werden zunächst die arithmetischen Mittel pro DAX-Segment sowie deren Veränderung zum Vorjahr dargestellt.

Die Mittelwerte und ihre Veränderung ggü. dem Vorjahr zeigen, dass in drei der vier DAX-Segmente eine negative Entwicklung zu beobachten ist. Lediglich im MDAX ist ein Anstieg von knapp 3 % zu verzeichnen. Demgegenüber sinkt der Mittelwert im SDAX um 7,50 %. Diese Entwicklung kann jedoch als marginal rückläufig angesehen werden, da der Rückgang über alle Segmente hinweg lediglich 2,00 % beträgt und das durchschnittliche Verhältnis mit 38,31 % weiterhin auf einem hohen Niveau liegt. Um ein realistischeres, nicht durch Ausreißer verzerrtes Bild zu erhalten, wird wie in den vorangegangenen Analysen der Median herangezogen und die Verteilung der Anteile mittels einer Kastengrafik analysiert. Abb. 5.11 verdeutlicht in diesem Zusammenhang die Anteile der ESG-Ziele an allen genannten Zielen im LTI für das Jahr 2023.

Obwohl die Anzahl der Unternehmen, die ESG-Ziele integrieren, von 51 im Jahr 2022 auf 68 im Jahr 2023 ansteigt, verändern sich weder der Median, noch die Größe der Spannweiten und der Boxen. Der Median liegt weiterhin bei 33,33 %, was darauf hin-

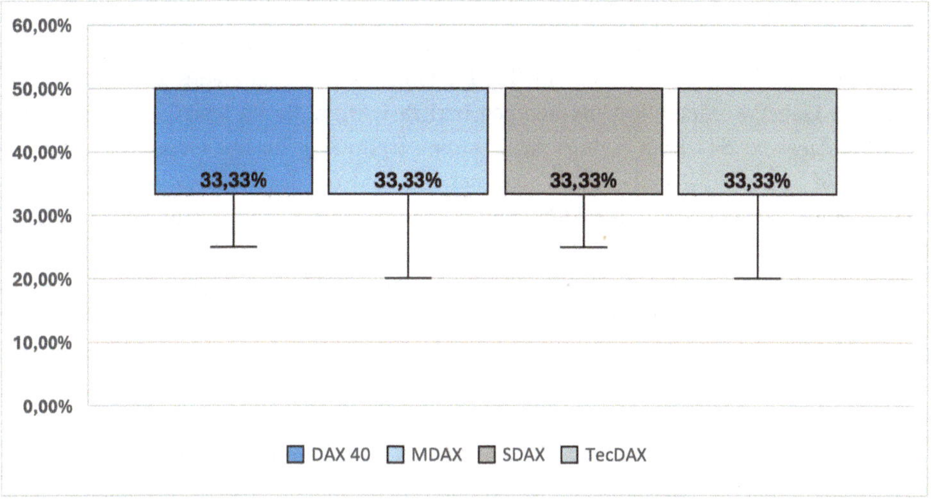

Abb. 5.11 Anteil ESG-Ziele an allen genannten Zielen im LTI 2023 (n = 68). (Quelle: Eigene Darstellung)

deutet, dass die meisten Unternehmen dieses Verhältnis angeben (31 von 68 Unternehmen), gefolgt von einem Verhältnis von 50 % (27 von 68 Unternehmen).

Der hohe Anteil der Unternehmen mit einer 50 %-Quote führt dazu, dass der Median von 33,33 % auch das untere Quartil der Box darstellt. MDAX und TecDAX weisen die größte Spannweite von 20 % bis 50 % auf, während DAX 40 und SDAX eine kleinere Spannweite von 25 % bis 50 % erreichen. Ähnlich wie im Geschäftsjahr 2022 sind die ermittelten Kennzahlen auch im Geschäftsjahr 2023 homogen und variieren nicht so stark wie die Anteile im STI. So kann für die Geschäftsjahre 2022 und 2023 festgehalten werden, dass die ESG-Ziele im Durchschnitt 33,33 % der Gesamtziele ausmachen, wobei die Tendenz in Richtung 50 % geht.

Die Analyse der ESG-Ziele im Verhältnis zu allen genannten Zielen eignet sich gut für Vergleiche, unabhängig von der Art der Integration. Allerdings ist die tatsächliche Gewichtung der ESG-Ziele innerhalb der verschiedenen Integrationsformen (prozentualer Anteil, Multiplikator etc.) tendenziell niedriger als die Anteile der ESG-Ziele an allen Zielen. In den folgenden Kapiteln werden die tatsächlichen Gewichtungen innerhalb der Integrationsformen „Prozentualer Anteil" sowie „ESG-Multiplikator" analysiert, um den tatsächlichen Anteil der ESG-Ziele an der variablen Vergütung zu ermitteln.

5.6 Gewichtung der ESG-Ziele im STI-Plan

Nachdem im vorangegangenen Kapitel der Anteil der genannten ESG-Ziele an allen Zielen über alle Incentivierungsformen hinweg evaluiert wurde, wird im folgenden Kapitel die tatsächliche Gewichtung der ESG-Ziele an der Gesamtzielerreichung innerhalb der

Form „Prozentualer Anteil“ untersucht. Diese Analyse erfolgt getrennt für den STI- und den LTI-Plan, um sowohl kurz- als auch langfristige Vergleiche zu ermöglichen.

Zunächst wird die Gewichtung im STI-Plan für die Geschäftsjahre 2022 und 2023 betrachtet. Dabei werden alle Unternehmen berücksichtigt, die im jeweiligen Geschäftsjahr ESG-Ziele im STI-Plan einbeziehen. Daraus ergibt sich für das Geschäftsjahr 2022 eine Anzahl von n = 51 analysierten Unternehmen und für das Geschäftsjahr 2023 eine Anzahl von n = 58 analysierten Unternehmen. Tab. 5.6 zeigt die Mittelwerte im STI-Plan auf.

Über alle Segmente hinweg ergibt sich für das Jahr 2022 ein Mittelwert von 18,85 % und für das Jahr 2023 ein Mittelwert von 19,17 %, was eine leichte Verbesserung ggü. dem Vorjahr darstellt. Um ein realitätsnäheres Bild zu erhalten sollte, wie in den vorherigen Analysen, der Median herangezogen und die Streuung der Daten mittels Boxplots analysiert werden. Abb. 5.12 zeigt die Gewichtung der ESG-Ziele im STI-Plan auf.

Der Boxplot zeigt im Zweijahresvergleich keine signifikanten Veränderungen. Die Mediane liegen in beiden Jahren bei 20 % und damit nahe an den zuvor berechneten Mittelwerten. Die Box des Jahres 2023 weist einen etwas geringeren Interquartilsabstand auf als die des Jahres 2022 (10 % im Jahr 2022, 9,72 % im Jahr 2023). Es wird deutlich, dass sich die Streuung der Werte stark zwischen dem unteren Quartil bei 10 % und dem oberen Quartil bei 20 % (entspricht auch dem Median) konzentriert. Daraus lässt sich schließen,

Tab. 5.6 Mittelwerte „Prozentualer Anteil“ im STI-Plan

Geschäftsjahr	2022	2023	*Veränderung in %*
μ	18,85 %	19,17 %	*+ 1,71 %*

Quelle: Eigene Darstellung

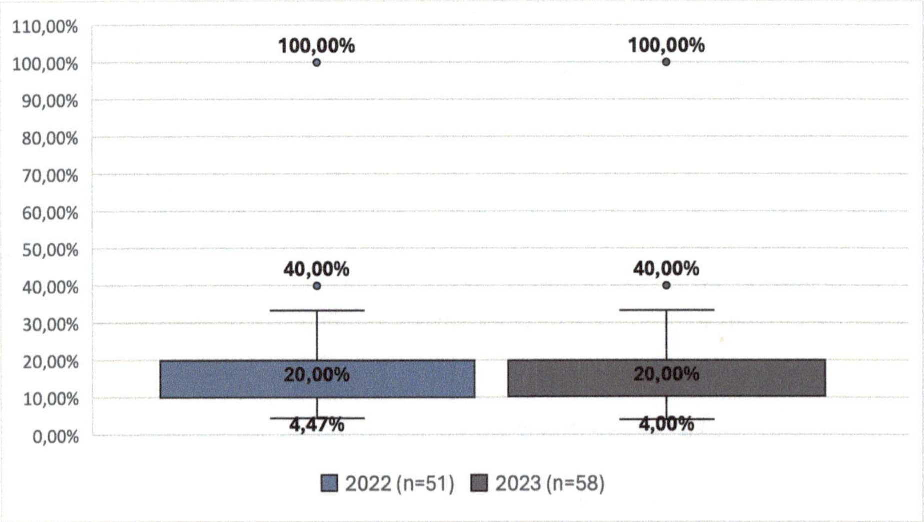

Abb. 5.12 Gewichtung der ESG-Ziele (%-Anteil) im STI-Plan. (Quelle: Eigene Darstellung)

dass die ESG-Ziele im Durchschnitt tatsächlich zwischen 10 % und 20 % der Gesamtzielvergütung im STI-Plan ausmachen.

Auffällig ist die Spannweite, die von 4 % bis 100 % variiert, sowie die Ausreißer von 40 % und 100 % in beiden Jahren.

Abb. 5.13 und 5.14 illustrieren die Verteilungen sowie die Mediane der einzelnen DAX-Segmente jeweils für die Geschäftsjahre 2022 und 2023.

Aus diesen Darstellungen lässt sich ableiten, dass im Geschäftsjahr 2022 der SDAX mit einem Median von 15 % den niedrigsten Wert aufweist, gefolgt vom TecDAX mit 17,5 %. Die Mediane des DAX 40 und des MDAX liegen jeweils bei 20 %, wobei der MDAX die größte Spannweite verzeichnet (5 % bis 100 %). Im Jahr 2023 steigt der Median des SDAX auf 19 %, wohingegen der des TecDAX auf 15 % sinkt. Die Segmente DAX 40 und MDAX blieben im Geschäftsjahr 2023 stabil bei 20 %. Eine Gesamtbetrachtung aller Gewichtungen in Prozent der Unternehmen für beide Geschäftsjahre befindet sich ebenfalls im Appendix E bis Appendix F.

Um zu veranschaulichen, welche Gewichtungen nicht im Bereich von 10 % bis 20 % liegen und somit als unter- oder überdurchschnittlich gelten, werden diese in den Abb. 5.15 und 5.16 dargestellt.

Eine Besonderheit stellt die niedrigste Gewichtung des im Halbleiterbereich tätigen Unternehmens *Elmos Semiconductor* dar. Für die drei aktiven Vorstandsmitglieder wird das gleiche ESG-Ziel („Weiterentwicklung der Gesellschaft bezüglich der Nachhaltigkeit

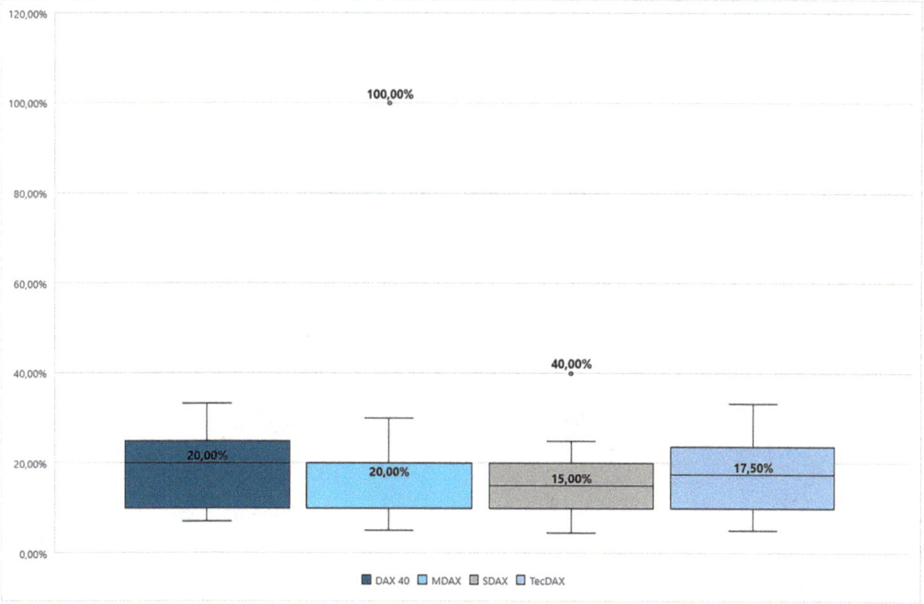

Abb. 5.13 Gewichtung der ESG-Ziele im STI-Plan 2022 nach DAX-Segmenten. (Quelle: Eigene Darstellung)

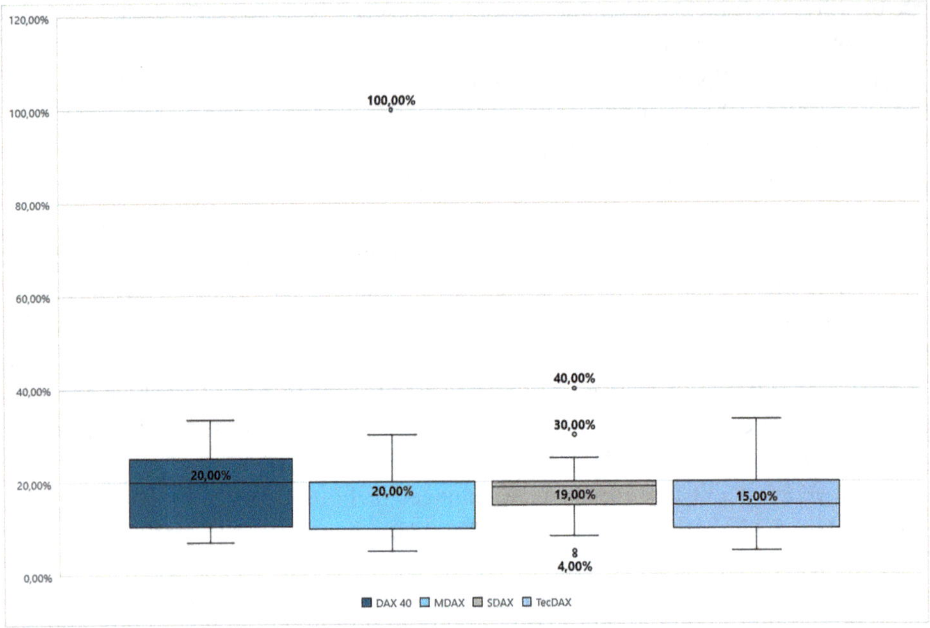

Abb. 5.14 Gewichtung der ESG-Ziele im STI-Plan 2023 nach DAX-Segmenten. (Quelle: Eigene Darstellung)

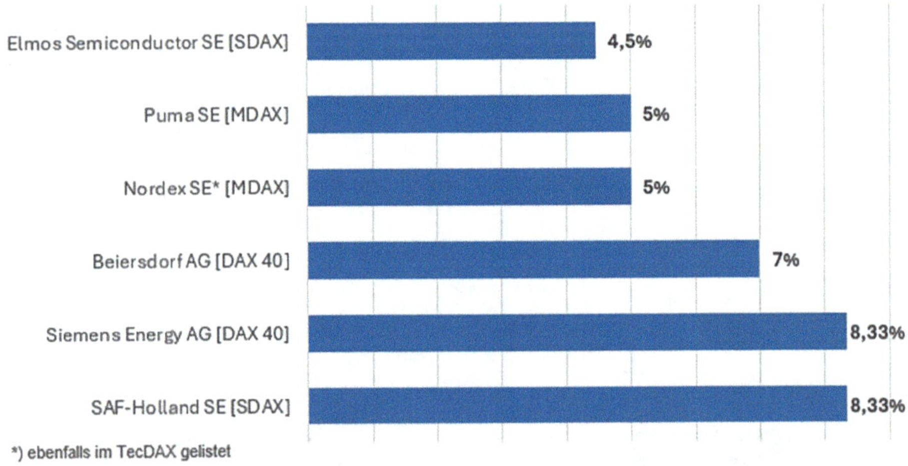

Abb. 5.15 Gewichtung (%-Anteil) im STI-Plan 2022 unter 10 %. (Quelle: Eigene Darstellung)

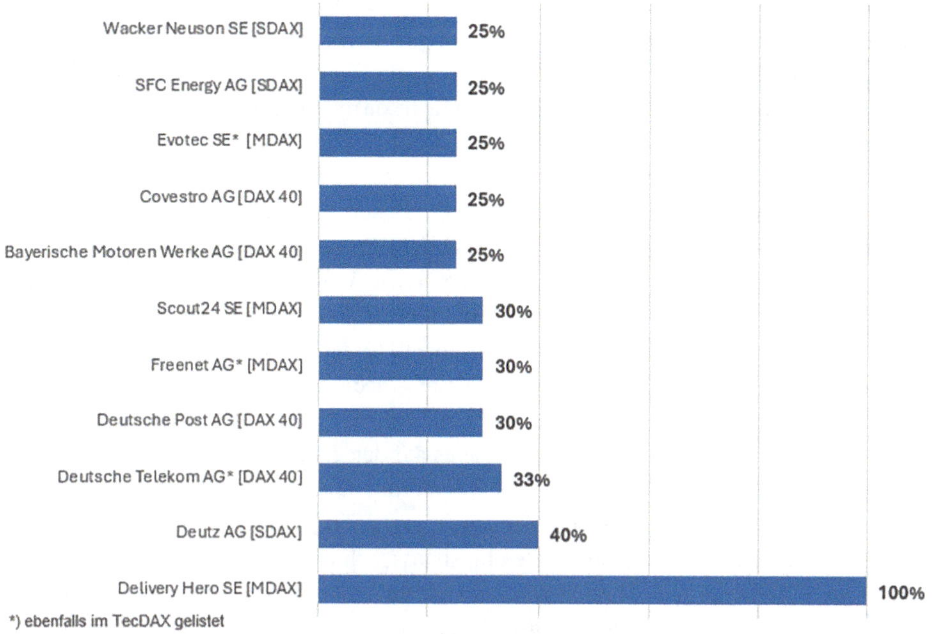

Abb. 5.16 Gewichtung (%-Anteil) im STI-Plan 2022 über 20 %. (Quelle: Eigene Darstellung)

(ESG)“) festgelegt, jedoch mit jeweils unterschiedlicher Gewichtung (vgl. Elmos Semiconductor SE 2023, S. 6). Der tatsächliche Anteil der ESG-Ziele von 4,5 % ergibt sich aus dem Durchschnitt der drei individuellen Gewichtungen von 4,9 %, 4 % und 4,5 %.

Der Sportartikelhersteller *Puma* definiert im Vergleich zu anderen Unternehmen mit insgesamt acht ESG-Zielen eine hohe Anzahl in ihrem STI-Plan. Diese lassen sich u. a. wie folgt konkretisieren: „Kein Einkauf von Plastiktüten ab 2022“, „Investition von mindestens 1,5 h pro PUMA-Gruppe-Beschäftigte in Human Rights oder Community Projekte“(vgl. PUMA SE 2023, S. 27). Trotz dieser Vielfalt und Konkretheit der ESG-Ziele spielen diese mit einer Gewichtung von 5 % eine untergeordnete Rolle und es erfolgt keine Incentivierung von ESG-Zielen im LTI-Plan.

Beim Windenergieanlagenhersteller *Nordex* beträgt die Gewichtung der ESG-Kriterien lediglich 5 %. Im Vergütungssystem wird zunächst beschrieben, dass es sich um Ziele im Bereich Arbeits-, Gesundheits- und Umweltschutz handelt. Ein Blick in die Fußnote zeigt jedoch, dass das konkrete Ziel „Häufigkeit von Arbeitsunfällen mit Ausfallzeiten bezogen auf die Gesamtarbeitszeit (Lost-Time Incident Frequency)“ nur den Bereich Arbeits- und Gesundheitsschutz abdeckt. Trotz der geringen Gewichtung im STI-Plan bezieht das Unternehmen ESG-Ziele auch im LTI-Plan mit einem fixen Anteil von 20 % ein. Das Ziel im LTI-Plan ist hierbei die Erhöhung des Frauenanteils in Führungspositionen (vgl. Nordex SE 2023, S. 4–11). Aus Sicht der Autorenschaft muss jedoch dem Unternehmenskonzept von Nordex eine besondere Berücksichtigung beigemessen werden. Dem Geschäftsmodell eines Windenergieanlagenherstellers ist eine niedrigere Umweltbelastung inhärent im Vergleich zu einem CO_2-intensiven Produktionsunternehmen. Durch die Herstellung und Inbetriebnahme von Windkraftanlagen resultiert ceteris paribus bereits ein Beitrag zur Nachhaltigkeit. Nichtsdestoweniger ist der Einzelfall zu betrachten.

Der Vergütungsbericht 2022 von Konsumgüterkonzern *Beiersdorf* zeigt, dass ESG-Ziele im STI-Plan 2022 mit 7 % gewichtet sind. Bei Betrachtung der Anzahl der genannten ESG-Ziele entsteht der Eindruck, dass ESG-Kriterien im STI eine große Rolle spielen. Im Einzelnen werden sieben ESG-Ziele aus den Bereichen Nachhaltigkeit, Mitarbeiter und Vielfalt aufgeführt, die vom Aufsichtsrat berücksichtigt werden können. De facto wird jedoch nur ein Ziel aus dem Bereich „S" mit einer Gewichtung von 7 % einbezogen. Zusätzlich werden im STI-Plan im Bereich der individuellen Ziele für drei der neun Vorstandsmitglieder individuelle ESG-Ziele vereinbart, die 30 % der kurzfristigen variablen Vergütung ausmachen. Darüber hinaus erfolgt die ESG-Incentivierung auch im LTI-Plan mit einem Anteil von 40 % (vgl. Beiersdorf AG 2023, S. 7–11). Die Gewichtung der ESG-Ziele ist damit insgesamt nicht so gering, wie es auf den ersten Blick erscheint.

Bei *Siemens Energy* besteht ebenfalls ein Sonderfall. Die beiden nichtfinanziellen Ziele „Kundenzufriedenheit" und „Arbeitssicherheit" gehen mit weiteren 25 % in die mit 33,33 % gewichteten individuellen Ziele ein, sodass sich insgesamt eine Gewichtung von 8,33 % im STI-Plan ergibt. Ähnlich wie bei Beiersdorf wird die geringe Gewichtung im STI-Plan durch eine Incentivierung im LTI-Plan von 20 % kompensiert. Darüber hinaus wird für eines der sechs Vorstandsmitglieder ein individuelles ESG-Ziel im STI vereinbart (vgl. Siemens Energy AG 2023, S. 163–165).

Umgekehrt verhält es sich beim LKW-Zulieferer *SAF Holland*, die die gleiche Gewichtung wie *Siemens Energy* aufweist. Das ESG-Ziel „Anpassung der CSR-Berichterstattung zur Erfüllung der CSRD-Anforderungen" ist in der individuellen Zielvereinbarung mit einer Gewichtung von 25 % enthalten und macht innerhalb dieser ein Drittel aus. Daraus ergibt sich ein Anteil von 8,33 %. Eines der drei Vorstandsmitglieder hat zusätzlich ein individuelles ESG-Ziel im STI-Plan verankert. Darüber hinaus werden ESG-Ziele auch im LTI-Plan mit einer Gewichtung von 20 % berücksichtigt (vgl. SAF Holland SE 2023, S. 32–37).

Somit lässt sich festhalten, dass trotz der teilweise geringen Gewichtung von ESG-Zielen im STI-Plan vieler Unternehmen häufig eine stärkere Berücksichtigung und Kompensation dieser Ziele im LTI-Plan erfolgt, wodurch die Relevanz von ESG-Kriterien insgesamt gestärkt wird.

Um die andere Seite zu betrachten, zeigt Abb. 5.16 die DAX-Segmentunternehmen, die im STI-Plan 2022 eine überdurchschnittliche Gewichtung (über 20 %) aufweisen.

Wie bereits im Rahmen der Analyse des Anteils der genannten ESG-Ziele an den Gesamtzielen festgestellt wurde, liegt *Delivery Hero* an der Spitze und ist das einzige Unternehmen, das ESG-Ziele zu 100 % in seinem STI-Plan gewichtet.

Der Motorenhersteller Deutz definiert im STI-Plan ein „Strategieziel" mit einer Gewichtung von 25 % und ein „Nachhaltigkeitsziel" mit einer Gewichtung von 15 %. Das Strategieziel umfasst Bereiche wie „Alternative Antriebe" inklusive des Ausbaus der wasserstofftauglichen Prüfstände oder „Weiterentwicklung des modularen E-DEUTZ

Baukastens". Die Autorschaft dieses Buchs hat sich daher entschieden, dieses Ziel ebenfalls als nachhaltig einzustufen, wodurch sich die Gesamtgewichtung der ESG-Ziele auf 40 % erhöht. Die Nachhaltigkeitsziele beziehen sich auf die Bereiche Supply Chain und Diversity. Im LTI-Plan werden hingegen keine ESG-bezogenen Ziele incentiviert (vgl. Deutz AG 2023, S. 75–76).

Deutsche Telekom gewichtet ESG-Ziele mit einem Drittel im STI-Plan. Konkrete Ziele sind die „Reduktion der CO_2-Emissionen" und die „Reduktion des Energieverbrauchs". Zusätzlich werden für vier der acht Vorstandsmitglieder weitere ESG-Ziele wie „Verbesserung der Mitarbeiterzufriedenheit" per Multiplikator (0,8–1,2) berücksichtigt (vgl. Deutsche Telekom AG 2023, S. 7–11).

Die Unternehmen *Deutsche Post, Freenet* und *Scout24* ragen mit einem ESG-Zielgewicht von 30 % heraus. Bei der *Deutschen Post* besteht die Besonderheit darin, dass der STI nicht wie üblich im Folgejahr vollständig ausgezahlt wird, sondern als „Deferral" oder mittelfristige Komponente zu 50 % im Folgejahr und die restlichen 50 % nach weiteren zwei Jahren (Nachhaltigkeitsphase). Bis zum Ende der Nachhaltigkeitsphase muss zusätzlich ein finanzielles Ziel erreicht werden, damit die Auszahlung der vollen 50 % erfolgt. Die *Deutsche Post* zeichnet sich neben der hohen Gewichtung auch durch die Konkretisierung der Ziele aus und nennt Ziele in allen drei Bereichen: E (Realisierte Dekarbonisierungseffekte), S (Mitarbeiterengagement) und G (Compliance) (vgl. Deutsche Post AG 2023, S. 7–13).

Von den Unternehmen mit einer ESG-Gewichtung von 25 % haben nur die beiden DAX 40 Unternehmen *BMW* und *Covestro* ESG-Ziele, sowohl in den STI, – als auch in den LTI-Plan integriert. Von den insgesamt fünf Unternehmen sticht insb. *BMW* hervor. Der Bonus ist zu 50 % von der Ergebniskomponente (finanzielle Ziele) und zu 50 % von der Leistungskomponente abhängig. Innerhalb dieser Leistungskomponente sind die Ziele wiederum wie folgt aufgeteilt: 50 % ressortübergreifende ESG-Ziele, 40 % sonstige ressortübergreifende Ziele und 10 % individuelle Ziele. Die Ziele sind in allen ESG-Bereichen E (ökologische Innovationsleistung), S (Mitarbeiterzufriedenheit) und G (Reputation und Compliance Präventionsleistung) definiert. Darüber hinaus sind für sechs der sieben Vorstandsmitglieder spezifische ESG-Ziele im Rahmen der individuellen Ziele vereinbart. Ein Beispiel hierfür ist die „Weiterentwicklung eines CO_2-Managementsystems in der Lieferkette"(vgl. BMW AG 2023, S. 263–276).

Es lässt sich festhalten, dass *Delivery Hero* zwar mit einer hundertprozentigen ESG-Gewichtung im STI-Plan heraussticht, jedoch keine ESG-Ziele im LTI-Plan incentiviert werden. Es sollte jedoch angestrebt werden, die ESG-Ziele auf einen längerfristigen Zeithorizont als ein Jahr auszurichten. Beispielhafte Unternehmen sind *BMW* oder *Covestro*, bei denen die Gewichtung der ESG-Ziele mit 25 % überdurchschnittlich hoch ist und die ESG-Ziele zudem in den LTI-Plan integriert werden.

Der eingangs dargestellte Jahresvergleich zeigt keine signifikanten Unterschiede zwischen den Jahren 2022 und 2023. Daher werden für das Jahr 2023 die Unternehmen mit ESG-Zielanteilen unter 10 % und über 20 % im STI-Plan näher betrachtet, um die unterschiedlichen Gewichtungen zu analysieren. Abb. 5.17 zeigt die Unternehmen mit ESG-Zielanteilen unter 10 % im STI-Plan 2023.

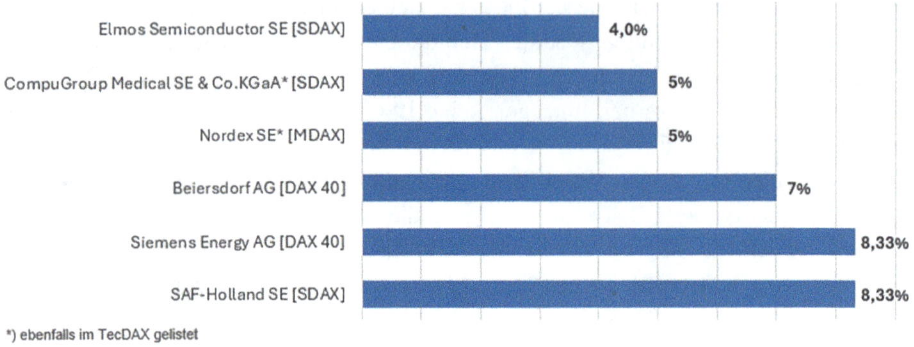

Abb. 5.17 Gewichtung (%-Anteil) im STI-Plan 2023 unter 10 %. (Quelle: Eigene Darstellung)

Das MDAX-Unternehmen *PUMA* ist hier im Vergleich zum Vorjahr nicht mehr aufgeführt. Grund hierfür ist, dass *PUMA* die ESG-Zielgewichtung ab dem Geschäftsjahr 2023 von 5 % auf 10 % erhöht. Neben der Erhöhung der Zielgewichtung verbessert sich PUMA auch bei der Anzahl der genannten ESG-Ziele. Waren es im Vorjahr noch 8 Ziele, so werden im Geschäftsjahr 2023 15 ESG-Ziele genannt. Zudem werden im Geschäftsjahr 2023 erstmals auch individuelle ESG-Ziele für alle vier Vorstandsmitglieder in den mit 10 % gewichteten individuellen Zielen definiert (vgl. PUMA SE 2024, S. 19–23).

An die Stelle von *PUMA* ist das Softwareunternehmen *CompuGroup Medical* getreten, die erstmals für das Geschäftsjahr 2023 ESG-Ziele mit einer Gewichtung von 5 % in die variable Vergütung integriert (Ziel: Mitarbeiterzufriedenheit). Im Rahmen des Long-Term Incentive (LTI) erfolgt keine ESG-Incentivierung (vgl. CompuGroup Medical SE & Co. KGaA 2024, S. 8–24).

Der Halbleiterhersteller Elmos Semiconductor bildet das Schlusslicht und definiert wie im Vorjahr für alle drei Vorstände das Ziel „Weiterentwicklung der Gesellschaft bezüglich der Nachhaltigkeit“, allerdings in unterschiedlicher Gewichtung. Hier wird der Mittelwert der drei Gewichtungen von 3 %, 4,5 % und 4 % verwendet (vgl. Elmos Semiconductor SE 2024, S. 5–6).

Zusammenfassend zeigen sich im Vergleich zum Vorjahr keine wesentlichen Veränderungen, außer bei der Erhöhung der Gewichtung von *PUMA* und der erstmaligen Integration von ESG-Zielen bei *CompuGroup Medical.*

In Abb. 5.18 ist das Gegenstück dargestellt: Unternehmen, die ESG-Ziele überdurchschnittlich, d. h. über 20 %, gewichten.

Es fällt zunächst auf, dass mit *Pfeiffer Vacuum Technology* und *Daimler Truck Holding* zwei Unternehmen neu hinzugekommen sind.

Daimler Truck Holding bezieht zwar bereits im Geschäftsjahr 2022 ESG-Ziele ein, allerdings in Form eines Zuschlags (0–35 %), was der Kategorie „Spezialform“ zugeordnet wird. Im Geschäftsjahr 2023 kommt erstmals das neue Vergütungssystem zur Anwendung, welches ESG-Ziele mit einer Gewichtung von 25 % im STI-Plan und erstmals mit einer Gewichtung von 25 % im LTI-Plan festsetzt. Das Unternehmen konkretisiert die ESG-Ziele wie folgt: „Anzahl abgesetzter eTrucks und eBuses“ als „E“-Ziel und „Wohlbefinden der Mitarbeiter“ als „S“-Ziel.

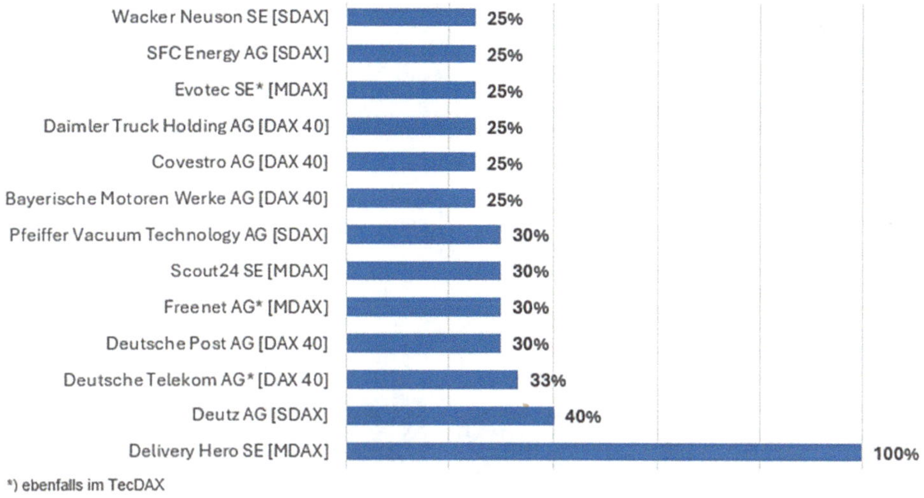

Abb. 5.18 Gewichtung (%-Anteil) im STI-Plan 2023 über 20 %. (Quelle: Eigene Darstellung)

Bei dem im Vakuum- und Messtechnik tätigen Unternehmen *Pfeiffer Vacuum Technology* ist folgende Dynamik zu beobachten: Die Anzahl der genannten ESG-Ziele ist zwar im STI-Plan im Vergleich zum Vorjahr von zwei Zielen auf ein Ziel zurückgegangen, jedoch verdoppelt sich die tatsächliche Gewichtung von 15 % im Jahr 2022 auf 30 % im Jahr 2023. Im LTI erhöht sich ebenfalls die Gewichtung von 25 % auf 30 %. Das konkrete ESG-Ziel im STI 2023 ist aus Sicht der Autoren jedoch kritisch zu betrachten, da die Formulierung „Erarbeitung und Vorschlag einer CSR-Strategie" im Vergleich zu anderen Unternehmen vage ist und Interpretationsspielraum lässt (vgl. Pfeiffer Vacuum Technology AG 2023, S. 125, 2024, S. 6).

Es lässt sich festhalten, dass kein Unternehmen mit ESG-Gewichtungen über 20 % aus dem Berichtsjahr 2022 im Berichtsjahr 2023 ausgeschieden ist und zwei neue Unternehmen hinzugekommen sind, was auf eine verstärkte ESG-Integration schließen lässt. Wie das Beispiel *Pfeiffer Vacuum Technology* zeigt, sollten die ESG-Ziele jedoch immer kritisch hinterfragt werden.

5.7 Gewichtung der ESG-Ziele im LTI-Plan

Gegenstand des folgenden Kapitels ist die Analyse der Gewichtung der ESG-Ziele im LTI-Plan für die Geschäftsjahre 2022 und 2023. Hirfür werden alle Unternehmen betrachtet, die ESG-Ziele im LTI-Plan mittels „Prozentualem Anteil" einbeziehen. Wie zu Beginn dargestellt, werden somit insgesamt 42 Unternehmen für das Geschäftsjahr 2022 und 56 Unternehmen für das Geschäftsjahr 2023 betrachtet. Tab. 5.7 zeigt die ermittelten arithmetischen Mittel über alle DAX-Segmente im Zweijahresvergleich.

Die absolute Anzahl der Unternehmen, die ESG-Ziele in Form eines fixen Anteils berücksichtigen, steigt von 42 auf 56 Unternehmen (+ 33,33 %). Zudem liegt das arithmeti-

Tab. 5.7 Mittelwerte „Prozentualer Anteil" im LTI-Plan

Geschäftsjahr	2022	2023	*Veränderung in %*
μ	24,68 %	25,54 %	*+ 3,46 %*

Quelle: Eigene Darstellung

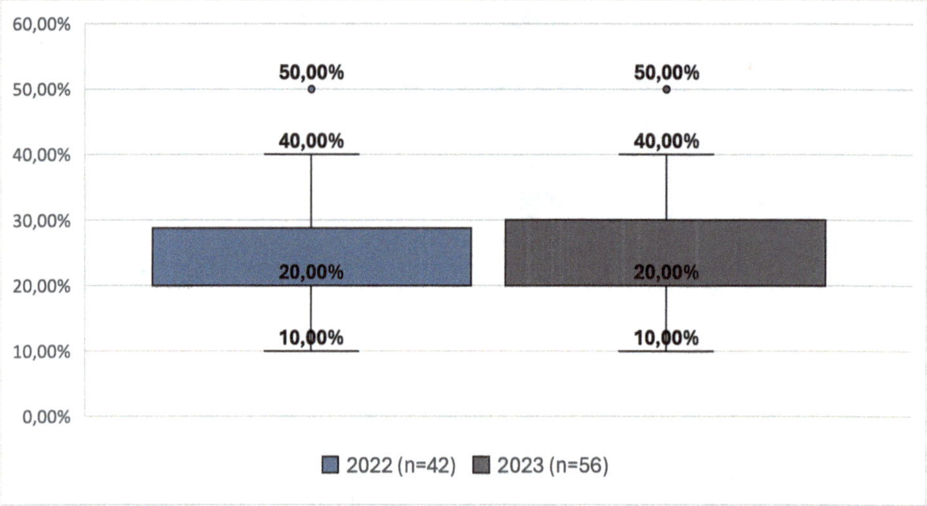

Abb. 5.19 Gewichtung der ESG-Ziele (%-Anteil) im LTI-Plan. (Quelle: Eigene Darstellung)

sche Mittel mit knapp 25 % im Jahr 2022 und über 25 % im Jahr 2023 deutlich über den im STI ermittelten Mittelwerten von knapp 20 % in beiden Jahren. Auch im Vergleich zum Vorjahr ist mit 3,46 % ein deutlicher relativer Anstieg zu verzeichnen. Zur präziseren Darstellung empfiehlt es sich, den Median heranzuziehen und die Verteilung umfassend zu analysieren, wie in der Abb. 5.19 im Zweijahresvergleich gezeigt wird.

Die Mediane des LTI-Plans liegen zwar in beiden Geschäftsjahren, ähnlich wie beim STI-Plan, bei 20 %. Es ist jedoch eine deutlich unterschiedliche Verteilung der Gewichtungen im Bereich zwischen 20 % und 30 % zu erkennen. Beim STI-Plan liegen die Gewichtungen dagegen zwischen 10 % und 20 %. Auffällig ist auch die Spannweite, die mit 10 % bis 50 % in beiden Jahren deutlich geringer ist als im STI-Plan. Der einzige Unterschied in der Verteilung zwischen den beiden Jahren liegt in der Boxgröße bzw. dem Interquartilsabstand, der im Geschäftsjahr 2023 mit 10 % etwas höher ist als im Geschäftsjahr 2022 mit 8,75 %. Dieser leichte Anstieg des Interquartilsabstands deutet darauf hin, dass die Streuung der Gewichtungen im LTI-Plan für das Geschäftsjahr 2023 etwas höher ist als im Vorjahr. Eine Vergrößerung des Interquartilsabstands nach oben bedeutet in diesem Zusammenhang, dass einige Unternehmen signifikant höhere ESG-Gewichtungen implementieren, was ein Indiz für eine gestiegene Bedeutung und Ambition in Bezug auf ESG-Ziele sein kann.

Abb. 5.20 sowie Abb. 5.21 zeigen die Verteilungen mittels Kastengrafik pro DAX-Segment für die Geschäftsjahre 2022 und 2023.

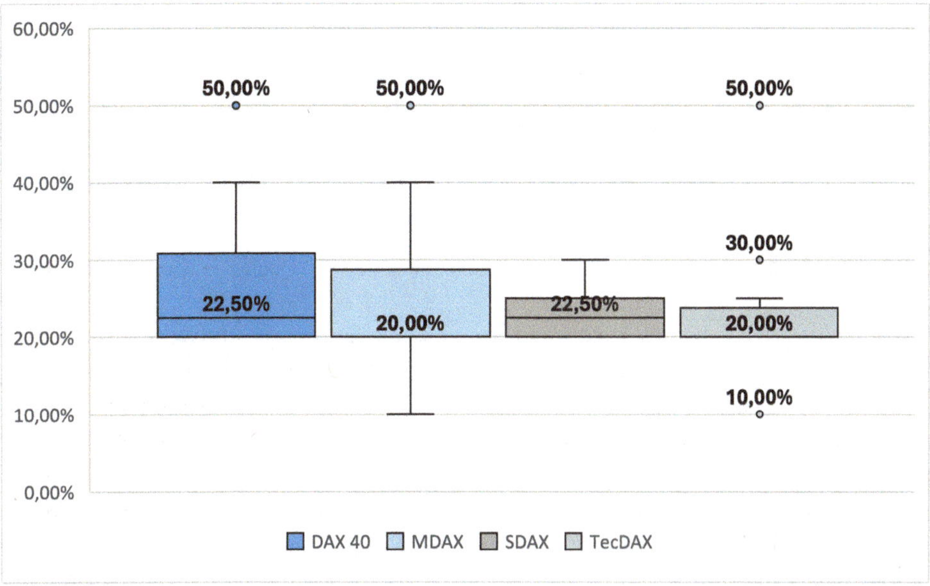

Abb. 5.20 Gewichtung der ESG-Ziele im LTI-Plan 2022 nach DAX-Segmenten. (Quelle: Eigene Darstellung)

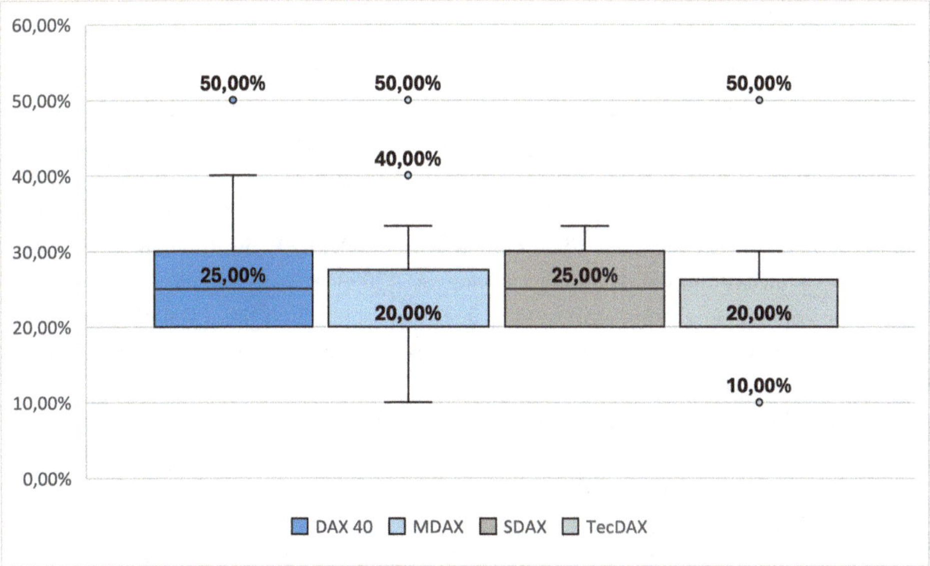

Abb. 5.21 Gewichtung der ESG-Ziele im LTI-Plan 2023 nach DAX-Segmenten. (Quelle: Eigene Darstellung)

Abb. 5.22 Gewichtung (%-Anteil) im LTI-Plan 2022 unter 20 %. (Quelle: Eigene Darstellung)

Auch hier zeigt sich eine dynamische Entwicklung darin, dass im Geschäftsjahr 2022 der DAX 40 und der SDAX mit Medianen von 22,5 % an der Spitze liegen, während diese Mediane im Geschäftsjahr 2023 auf jeweils 25 % ansteigen und an der Spitze bleiben. Besonders auffällig ist, dass sich die Box des SDAX nach oben merklich vergrößert hat und sich der Interquartilsabstand von 5 % auf 10 % verdoppelt hat. Auch im TecDAX ist eine zunehmende Vergrößerung der Box zu beobachten, was auf eine stärkere Berücksichtigung höherer ESG-Gewichtungen zurückzuführen ist.

Wie bereits festgestellt, liegen über alle DAX-Segmente hinweg in beiden Jahren die meisten Gewichtungen zwischen 20 % und 30 %. Analog zur Analyse der Gewichtungen im STI-Plan lohnt es sich, einen genaueren Blick auf die Unternehmen zu werfen, deren ESG-Zielgewichtungen außerhalb dieser Bandbreite liegen. Daher werden für beide Geschäftsjahre die Unternehmen beleuchtet, die ESG-Zielanteile von unter 20 % bzw. über 30 % aufweisen. Abb. 5.22 verdeutlicht die Gewichtung im LTI-Plan 2022 unter 20 %.

Bei den Unternehmen mit einer ESG-Gewichtung von 10 % zeigt sich bei der Analyse vom Abfüll- und Verpackungstechnikunternehmen *Krones*, dass der Anteil der ESG-Ziele an allen genannten Zielen bei 50 % liegt, die tatsächliche Gewichtung aber nur bei 10 %. Zurückzuführen ist dies auf die Tatsache, dass insgesamt nur zwei Ziele im Vergütungssystem enthalten sind: Komponente 1 umfasst ein finanzielles Ziel mit einer Gewichtung von 90 % und Komponente 2 das ESG-Ziel „Reduktion der CO_2-Emissionen Scope 1 und 2“ mit einer Gewichtung von 10 % (vgl. Krones AG 2023, S. 4–9). Daher weist das ESG-Ziel in der vorangegangenen Analyse eine überdurchschnittlich hohe Relation auf. Dies bestätigt die Relevanz dieses Analysegegenstandes, der sich auf die tatsächliche Gewichtung der Nachhaltigkeitsziele bezieht.

Von allen dargestellten Unternehmen hat nur *Lufthansa* zusätzlich ESG-Ziele in den STI-Plan integriert und ebenfalls mit 15 % gewichtet. Dies liegt daran, dass Lufthansa ein CO_2-intensives Unternehmen, bedingt durch den Luftverkehr, ist. Demgemäß hat Lufthansa zusätzliche ESG-Ziele im STI-Plan integriert, um erweiterte Transparenz zu schaffen. Das konkrete Nachhaltigkeitsziel der LTI-Tranche 2022 bis 2025 „Reduktion der CO_2-Intensität gegenüber Basisjahr 2019“ ist ebenso wie das Ziel von *Krones* dem Bereich „E“ zuzuordnen (vgl. Lufthansa AG 2023, S. 283–290).

Abb. 5.23 zeigt die im LTI-Plan 2022 als überdurchschnittlich eingestuften Unternehmen mit ESG-Zielgewichtungen über 30 %.

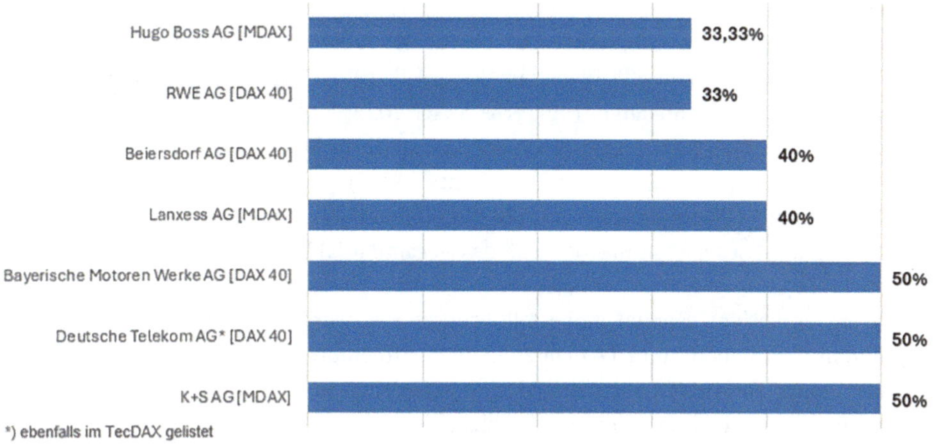

Abb. 5.23 Gewichtung (%-Anteil) im LTI-Plan 2022 über 30 %. (Quelle: Eigene Darstellung)

Bei näherer Betrachtung der „Outperformer" fällt auf, dass mit Ausnahme vom Textilhersteller *Hugo Boss* bei allen dargestellten Unternehmen ESG-Kriterien sowohl in der kurz-, als auch in der langfristigen variablen Vergütung, berücksichtigt werden. Auffällig ist zudem, dass keines dieser Unternehmen im SDAX gelistet ist. Im Vergleich der Unternehmen mit überdurchschnittlicher Gewichtung im LTI-Plan 2022 und im STI-Plan 2022 werden die DAX 40-Unternehmen *BMW* und *Deutsche Telekom* wiedergefunden. Diese weisen insb. im LTI-Plan eine auffallend hohe ESG-Zielgewichtung von 50 % auf.

BMW gewichtet in dem vierjährigen aktienbasierten LTI-Plan sowohl das finanzielle Ziel „Return on Capital Employed" (ROCE), als auch strategische Fokusziele mit jeweils 50 %. Letztere umfassen die konkreten Ziele „Reduktion der CO_2-Flottenemissionen", „Absatz vollelektrischer Fahrzeuge" und „Absatz Plug-in-Hybrid-Fahrzeuge" (vgl. BMW AG 2023, S. 277–280). Diese Ziele können aus Sicht der Autorenschaft dem ökologischen Bereich „E" zugeordnet werden.

Die *Deutsche Telekom* verankert in dem ebenfalls vierjährigen aktienbasierten LTI-Plan die dem Bereich „S" zugeordneten Ziele „Mitarbeiterzufriedenheit" und „Kundenzufriedenheit" mit jeweils 25 % (vgl. Deutsche Telekom AG 2023, S. 14). Hierbei kann angemerkt werden, dass eine isolierte Betrachtung der Ziele „Mitarbeiterzufriedenheit" und „Kundenzufriedenheit" eine verzerrte Darstellung der tatsächlichen ESG-Zielsetzung resultiert, da lediglich zwei Treiber von finanziellen Zielen betrachtet werden – die Betrachtung von ökologischen Zielen bleibt hierbei bspw. aus.

Abgesehen von der isolierten Betrachtung von der *Deutsche Telekom*, können die beiden Unternehmen daher als Vorreiter in Bezug auf die ESG-Incentivierung in beiden Plänen angesehen werden.

Eine besondere Gemeinsamkeit besteht bei den MDAX-Unternehmen *K+S* und *Lanxess*. Beide Unternehmen haben jeweils zwei LTI-Pläne, von denen einer rein finanzieller Natur und der andere ausschließlich auf ESG-Ziele ausgerichtet ist. Bei dem Bergbauunternehmen *K+S* ist der „LTI I“ an die Nachhaltigkeitsziele „Reduzierung salzhaltiger Prozessabwässer aus der Kaliproduktion“ und „Nachhaltige Lieferketten“ gekoppelt und macht 50 % des gesamten LTI-Plans aus. Der „LTI II“ ist dagegen vollständig von der Aktienkursentwicklung abhängig (vgl. K + S AG 2023, S. 150–152). Bei dem Chemieunternehmen *Lanxess* gibt es zum einen den „Long Term Stock Performance Plan“, der, wie der Name schon sagt, an die Aktienkursentwicklung gekoppelt ist, und zum anderen den „Sustainability Performance Plan“, der das Umweltziel „Reduktion der CO_2-Emissionen“ beinhaltet. Dieser Plan macht 40 % des gesamten LTI-Plans aus (vgl. Lanxess AG 2023, S. 8–11).

Wie im vorherigen Kapitel dargestellt, gehört *Beiersdorf* im STI-Plan 2022 zu den unterdurchschnittlichen-, im LTI-Plan 2022 zu den überdurchschnittlichen „Performern“. Darüber hinaus zeigt das Unternehmen eine hohe Konkretisierung der Ziele, indem es spezifische Ziele wie „Reduktion der Treibhausgasemissionen Scope 1, 2 und 3“, „Erhöhung des Anteils wiederverwertbarer Ressourcen und Verpackungen“, „Erhöhung des Frauenanteils in Führungsebenen“ und „Nachfolgeplanung“ definiert (vgl. Beiersdorf AG 2023, S. 10–11).

Summa Summarum lässt sich festhalten, dass die in der Abb. 5.15 dargestellten Unternehmen mit überdurchschnittlichen ESG-Gewichtungen im LTI-Plan das Thema ESG-Integration in Vergütung des Vorstands umfassend berücksichtigen.

Wie im vorherigen Kapitel wird auch in diesem Abschnitt ein Zweijahresvergleich durchgeführt. Abb. 5.24 zeigt die Unternehmen, die im LTI-Plan 2023 ESG-Ziele mit weniger als 20 % gewichtet haben.

Zunächst fällt im Vergleich zum Geschäftsjahr 2022 auf, dass *Krones* die Gewichtung von 10 % auf 15 % erhöht hat. Neben der Gewichtung hat sich auch die Anzahl der genannten Nachhaltigkeitsziele erhöht. Im Geschäftsjahr 2023 wird das bereits im Jahr 2022 genannte Ziel „Reduktion der CO_2-Emissionen Scope 1 und Scope 2“ um das Ziel „Erhöhung des Frauenanteils in Führungspositionen“ ergänzt, welches der Klassifizierung „S“ zugeordnet wird (vgl. Krones AG 2024, S. 9–10).

In der Gesamtbetrachtung wird zudem deutlich, dass *Lufthansa* im Vorjahr noch zu den Unternehmen mit einer unterdurchschnittlichen ESG-Gewichtung zählt. Im Geschäftsjahr 2023 erhöht das Unternehmen die Gewichtung von 15 % auf 20 % und gehört damit nicht mehr zu den „Underperformern“. Die Erhöhung der ESG-Zielgewichtung von 15 % im Jahr 2022 auf 20 % im Jahr 2023 ist sowohl im LTI-, als auch im STI-Plan abgebildet. An den definierten Zielen hat sich jedoch in beiden Plänen nichts geändert (vgl. Lufthansa AG 2024, S. 280–286).

Abb. 5.24 Gewichtung (%-Anteil) im LTI-Plan 2023 unter 20 %. (Quelle: Eigene Darstellung)

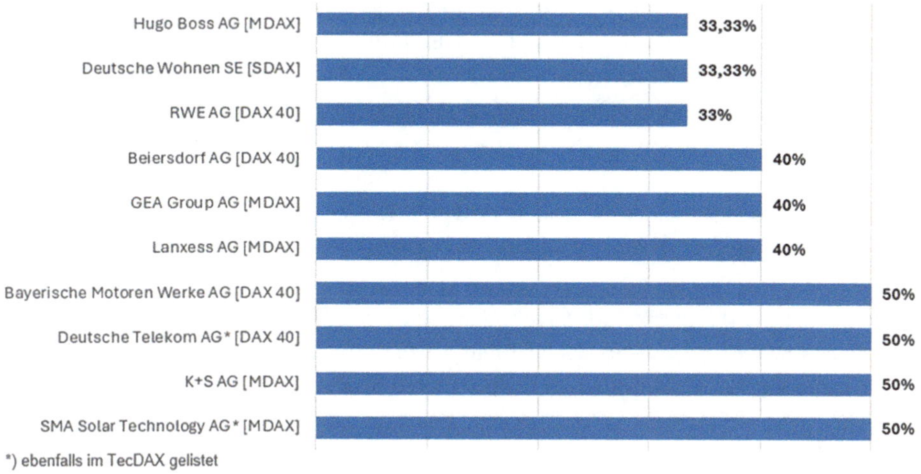

Abb. 5.25 Gewichtung (%-Anteil) im LTI-Plan 2023 über 30 %. (Quelle: Eigene Darstellung)

Bei allen drei dargestellten Unternehmen erfolgt die Incentivierung wie im Jahr 2022 ausschließlich über den LTI-Plan. Es lässt sich festhalten, dass Unternehmen wie die oben genannten eine positive Entwicklung hin zu einer verstärkten Verankerung von ESG aufweisen.

Auf der anderen Seite werden auch die Unternehmen betrachtet, die ESG-Ziele überdurchschnittlich, d. h. mit mehr als 30 % gewichten. Abb. 5.25 stellt diese dar.

Während im Geschäftsjahr 2022 sieben Unternehmen ESG-Zielanteile von mehr als 30 % aufweisen und diese Gewichtungen unverändert blieben, ist im Geschäftsjahr 2023 mit einem Anstieg auf zehn Unternehmen eine Entwicklung hin zu einer stärkeren ESG-Integration zu verzeichnen.

Zu den Neuzugängen zählen *Deutsche Wohnen*, *GEA Group* und *SMA Technology*, auf die nachfolgend näher eingegangen wird.

Für das Geschäftsjahr 2022 legt die Immobiliengesellschaft *Deutsche Wohnen* in ihrem Vergütungssystem bereits fest, dass ESG-Ziele mit einer Gewichtung von einem Drittel in den vierjährigen LTI-Plan einfließen sollen. Nachträglich wird jedoch klargestellt, dass bei der im Jahr 2022 zugeteilten LTI-Tranche auf die Berücksichtigung von Nachhaltigkeitskriterien verzichtet wurde. Dies wurde vom Aufsichtsrat beschlossen, da aufgrund der Übernahme der *Vonovia* zunächst eine neue ESG-Methodologie erarbeitet werden musste. Lediglich im STI-Plan 2022 werden Nachhaltigkeitsziele mit einer Gewichtung von 20 % festgesetzt. Im Geschäftsjahr 2023 erfolgt eine Anpassung des Vergütungssystem, wobei Nachhaltigkeitsziele nicht mehr im STI-Plan verankert werden und das Ziel „CO_2-Intensität des Immobilienbestands“ im LTI-Plan seitens des Autors der ökologischen Kategorie „E“ zugeordnet wird (vgl. Deutsche Wohnen SE 2023, S. 3–10, 2024, S. 3–8).

Das im Bereich Prozess- und Lebensmitteltechnik tätige Unternehmen GEA Group hat in beiden Jahren ESG-Ziele im kurzfristigen variablen Teil in Form von Teilzielen des

Multiplikators incentiviert und gleichzeitig über einen fixen Anteil im LTI-Plan berücksichtigt. Im Jahr 2022 besteht die Besonderheit darin, dass das Nachhaltigkeitsziel „Reduktion der Treibhausgasemissionen Scope 1 und 2“ zusammen mit dem Ziel „Organisches Umsatzwachstum“ unter dem Oberbegriff „Strategische Fokusziele“ insgesamt 40 % ausmachen. Dies entspricht jeweils 20 % für die beiden Einzelziele. Im Jahr 2023 hingegen werden innerhalb der strategischen Fokusziele ausschließlich ESG-Ziele definiert, die insgesamt mit 40 % gewichtet werden (vgl. GEA Group AG 2023, S. 268–277, 2024, S. 281–290). Dies zeigt eine deutliche Verbesserung hin zu einer stärkeren ESG-Incentivierung.

Das im Bereich Photovoltaik tätige Unternehmen SMA Solar Technology, welches ESG-Ziele sowohl im kurz- als auch im langfristigen Teil der variablen Vergütung festsetzt, verwendet für den LTI-Plan 2022 eine andere Methodik als für den LTI-Plan 2023. Im Vorjahr findet ein reiner ESG-Multiplikator Anwendung, der zwischen 0,8 und 1,2 liegt. Im Berichtsjahr 2023 erfolgt die Umstellung der Methodik auf einen fixen prozentualen Anteil, wobei die ESG-Ziele „Kundenzufriedenheit“ und „Erhöhung des Frauenanteils auf den Führungsebenen“ nun insgesamt mit 50 % gewichtet werden (vgl. SMA Solar TEchnology AG 2024, S. 175–182). Die Gewichtung der ESG-Zielsetzungen „Kundenzufriedenheit“ und „Erhöhung des Frauenanteils“ mit insgesamt 50 % in Kombination mit dem nachhaltigen Geschäftsmodell ist als besonders positiv hervorzuheben. Das Photovoltaikunternehmen nimmt hierbei eine Vorreiterrolle ein.

Wie auch in der vorangegangenen Analyse wird für eine Gesamtbetrachtung aller genannten Gewichtungen im LTI-Plan der Jahre 2022 und 2023 auf Appendix G und Appendix H verwiesen.

5.8 ESG-Multiplikator im STI-Plan

Wie bereits thematisiert, werden ESG-Ziele nicht nur über die Integrationsmethode des „Prozentualen Anteils“, sondern auch über den „ESG/Nachhaltigkeits-Multiplikator“ oder als Teilziele innerhalb eines Multiplikators in die variable Vergütung der Vorstände implementiert. In diesem Kapitel wird im Zweijahresvergleich dargestellt, welche spezifischen ESG-Multiplikatoren von den Unternehmen verwendet werden. Darüber hinaus wird aufgezeigt, ob bestimmte Unternehmen in dieser Hinsicht besonders hervorstechen. Zudem wird aufgezeigt, welche Unternehmen ESG-Ziele gemeinsam mit anderen Zielen in einem Multiplikator verankern. Es wird verdeutlicht, welchen relativen Anteil diese Ziele im Multiplikator einnehmen und ob einzelne Unternehmen aufgrund besonderer Merkmale besonders auffallend sind. Diese Darstellung erfolgt sowohl für den STI- als auch für den LTI-Plan. Einen Überblick über die im STI-Plan 2022 verwendeten ESG-Multiplikatoren gibt Abb. 5.26.

Es zeigt sich, dass von den neun betrachteten Unternehmen jeweils drei in den Segmenten DAX 40, MDAX und SDAX und gleichzeitig drei im TecDAX gelistet sind. Des Weiteren ist eine Dominanz des Multiplikators im Bereich von 0,8 bis 1,2 erkennbar.

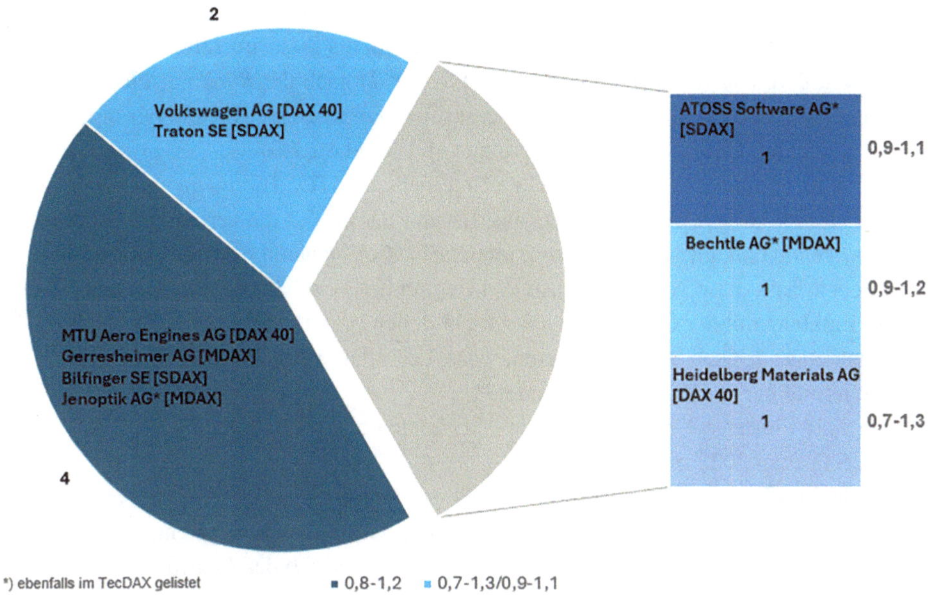

Abb. 5.26 ESG-Multiplikator im STI-Plan 2022 (n = 9). (Quelle: Eigene Darstellung)

Eine besondere Form des Multiplikators und eine im Vergleich zu anderen Unternehmen starke Integration von ESG-Kriterien weisen die zum Volkswagen-Konzern gehörenden Unternehmen *Volkswagen* und *Traton* auf. In beiden Vergütungssystemen stehen zunächst zwei finanzielle Ziele mit einer Gewichtung von jeweils 50 % im Vordergrund. Darauf folgt ein erster Multiplikator (0,7–1,3), der sich auf Umwelt- und Sozialziele bezieht. Bei *Volkswagen* bezieht sich das „E"-Ziel auf die Reduzierung der CO_2-Emissionen, gemessen am „Dekarbonisierungsindex". Bei *Traton* hingegen umfasst das „E"-Ziel das „Verhältnis der verkauften batterieelektrischen und brennstoffzellenelektrischen Fahrzeuge zur Gesamtzahl der verkauften Fahrzeuge". Das „S"-Ziel, „Mitarbeiterzufriedenheit", ist für beide Unternehmen gleich. Diesem Multiplikator schließt sich ein zweiter an, der sich ausschließlich auf Governance-Ziele bezieht und eine Bandbreite von 0,9–1,1 aufweist. Der E+S-Multiplikator mit einem Zu- bzw. Abschlag von 30 % integriert das Thema ESG maßgeblich in die Vergütung. Der separate „G"-Multiplikator, der das Ziel „Integrität und Compliance" verfolgt, ermöglicht es beiden Unternehmen, das gesamte Spektrum des ESG-Ansatzes abzudecken (vgl. Traton SE 2023, S. 257–266; Volkswagen AG 2023, S. 67–80).

Das Baustoffunternehmen Heidelberg Materials unterscheidet sich dadurch, dass es neben dem mit zwei Dritteln gewichteten Ziel des Jahresüberschusses und den mit einem Drittel gewichteten individuellen Zielen eine sog. „CO_2-Komponente" mit einer Spannweite von 0,7 bis 1,3 verwendet. Konkret bezieht sich dieser Faktor auf die Reduktionsziele der CO_2-Emissionen pro Tonne produzierten Zements (vgl. Heidelberg Materials AG 2023, S. 299–304). Dieser Ansatz ist grundsätzlich sinnvoll, beschränkt sich jedoch auf einen kurzen Zeitraum von einem Jahr für den Jahresbonus. Vor dem Hintergrund, dass *Heidelberg Materials* laut einer Studie des Handelsblatts 2023 im Jahr 2022 mit einem CO_2-Ausstoß von 70,69 Mio. t (Scope 1 und Scope 2) nach der *RWE* auf Platz zwei der CO_2-intensivsten Unternehmen lag, erscheint die derzeitige ESG-Incentivierung im Vergleich zu anderen Unternehmen eher gering (vgl. Wermke 2023).

Die im Technologiesektor angesiedelten Unternehmen *ATOSS Software* und *Bechtle* weisen mit Multiplikatoren von jeweils 0,9 bis 1,1 und 0,9 bis 1,2 die geringsten Bandbreiten auf. Bei *Bechtle* fällt auf, dass keine konkreten ESG-Ziele genannt werden. Stattdessen wird beschrieben, dass diese vom Aufsichtsrat zu Beginn des Geschäftsjahres festgelegt werden und im Einklang mit der Unternehmensstrategie stehen (vgl. Bechtle AG 2023a, S. 7–12).

Es ist eher kritisch zu konstatieren, dass bei allen neun Unternehmen die ESG-Incentivierung nur im STI-Plan stattfindet.

Abb. 5.27 illustriert Unternehmen, die ESG-Ziele nur als Teilziele innerhalb des Modifiers im STI-Plan 2022 integrieren.

Das Schlusslicht bildet das Pharma- und Chemieunternehmen *Merck*, bei dem nur eins von elf Zielen (entspricht 9 %) innerhalb des Modifiers als nachhaltig eingestuft werden kann. Den höchsten Anteil an Nachhaltigkeitszielen innerhalb des Modifiers weisen *Südzucker* und *SGL Carbon* mit jeweils 66,67 % auf.

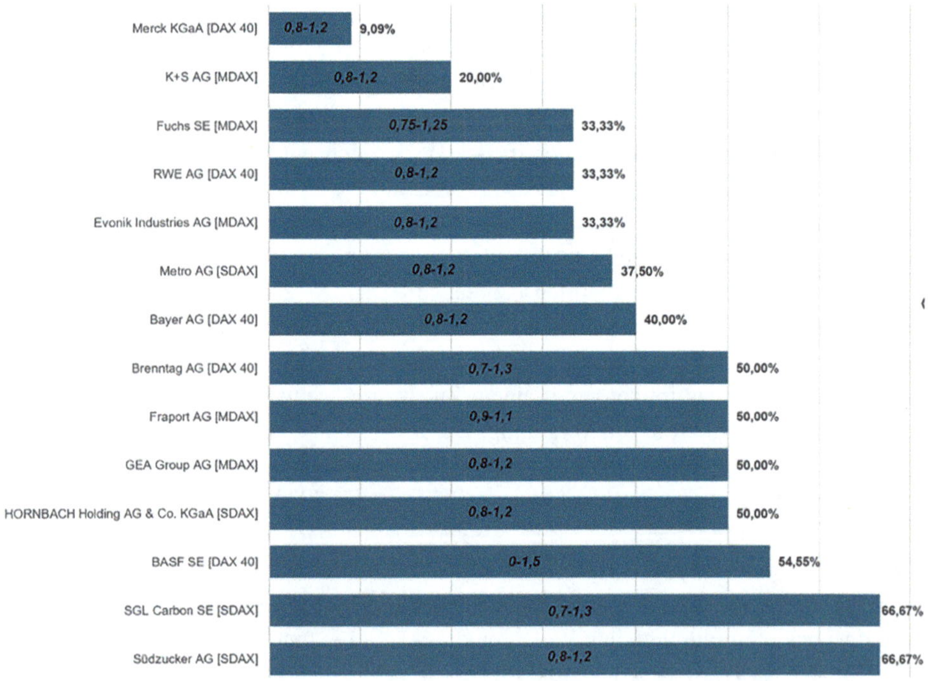

Abb. 5.27 ESG als Teilziele des Multiplikators im STI-Plan 2022 (n = 14). (Quelle: Eigene Darstellung)

Eine Besonderheit zeigt sich bei *Südzucker*: Im Vergütungssystem wird beschrieben, dass sich der Modifier aus einem strategischen Ziel, einem Umweltziel (z. B. Reduktion der CO_2-Emissionen) und einem Personalziel (z. B. Diversity) zusammensetzt, was zu einem Verhältnis von zwei zu drei (66,67 %) führt. Aus der Zielerreichung geht jedoch nicht hervor, welche Ziele genau vereinbart wurden, sondern es wird lediglich die Zielerreichung von 100 % = „Modifikator 1" in der tatsächlich gewährten Vergütung angegeben (vgl. Südzucker AG 2023, S. 7–12). Dies verdeutlicht die teilweise undurchsichtige Ausgestaltung des Multiplikators.

Ferner zeichnet sich das Chemieunternehmen *BASF* durch einen spezifischen Multiplikator aus. Dieser „Performance-Faktor", der neben dem finanziellen Ziel „ROCE" steht, hat eine Spannweite von 0 bis 1,5. Insgesamt werden elf Ziele genannt, von denen sechs als ESG-bezogen klassifiziert werden können. Bei einer Zielerreichung von ≤ 50 % beträgt der Faktor 0, bei 100 % erreicht er den Wert 1 und bei ≥ 125 % liegt er bei 1,5 (vgl. BASF SE 2023, S. 4–8). Trotz des hohen Einflusses des Multiplikators bleibt aus Sicht des Autors unklar, welche Gewichtung die einzelnen Ziele haben und wie sie den Endwert beeinflussen.

Auch in diesem Teil der Analyse überragt der Multiplikator „0,8–1,2" deutlich, da er von neun der 14 Unternehmen verwendet wird. Im Durchschnitt (arithmetische Mittel = 42,46 %; Median = 45 %) entfällt bei diesen Unternehmen knapp die Hälfte des Multiplikators auf ESG-Zielsetzung.

Nach der Betrachtung der Unternehmen mit reinen ESG-Multiplikatoren sowie der Unternehmen mit ESG-Zielen als Teilkomponenten innerhalb des Multiplikators, folgt nun die Darstellung dieser beiden Methodiken für die Folgeperiode 2023. Abb. 5.28 zeigt die ESG-Multiplikatoren im STI-Plan 2023 auf.

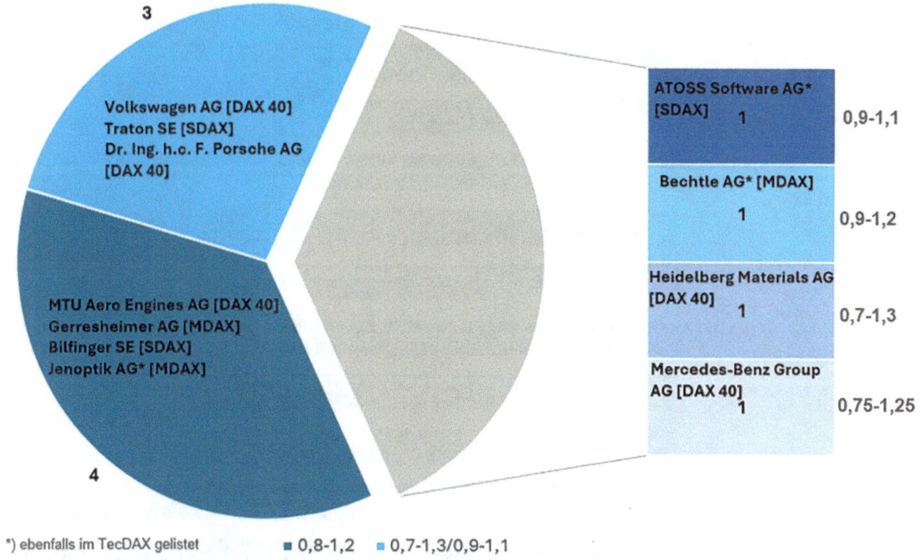

Abb. 5.28 ESG-Multiplikatoren im STI-Plan 2023 (n = 11). (Quelle: Eigene Darstellung)

Im Vergleich zum Vorjahr sind zwei weitere Unternehmen hinzugekommen: *Dr. Ing. h.c. F. Porsche* und *Mercedes-Benz Group*. *Dr. Ing. h.c. F. Porsche*, welche zum VW-Konzern gehört, wendet die gleiche Methodik an wie *Volkswagen* und *Traton*. Diese Methodik sieht Multiplikatoren von 0,7 bis 1,3 für Umwelt- und Sozialziele und von 0,9 bis 1,1 für „Governance" Ziele vor. Zu beachten ist, dass die ESG-Incentivierung bei *Dr. Ing. h.c. F. Porsche* erstmals im Geschäftsjahr 2023 eingeführt und ausschließlich im STI-Plan umgesetzt wird (vgl. Dr. Ing. h.c. F. Porsche AG 2024, S. 154–163).

Der Grund für den erstmaligen Ausweis des ESG-Multiplikators von *Mercedes Benz Group* im Geschäftsjahr 2023 liegt in der im Geschäftsjahr 2022 angewandten „Spezialform". Im Geschäftsjahr 2023 erfolgt die Einführung ein neues Vergütungssystems, das ESG-Ziele in Form eines Zu- bzw. Abschlags in Höhe von 25 % berücksichtigt. Da dieser Zu- bzw. Abschlag die Funktionsweise eines Multiplikators hat, wird für die Analyse ein Multiplikator von „0,75–1,25" festgelegt. Insgesamt werden sechs ESG-Ziele vereinbart, die alle Bereiche des ESG-Ansatzes abdecken, darunter „CO_2-Reduktion", „Mitarbeiterzufriedenheit" und „Integrität und Compliance". Darüber hinaus erfolgt die Incentivierung im LTI-Plan durch einen fixen Anteil von 20 % (vgl. Mercedes Benz Group AG 2024, S. 7–21).

Somit kann festgehalten werden, dass bei beiden Neuzugängen eine positive Entwicklung hin zu einer stärkeren Berücksichtigung von ESG-Themen in der variablen Vergütung erkennbar ist.

Abb. 5.29 zeigt die Unternehmen, die ESG-Ziele neben anderen Zielen im Multiplikator für das Jahr 2023 angeben.

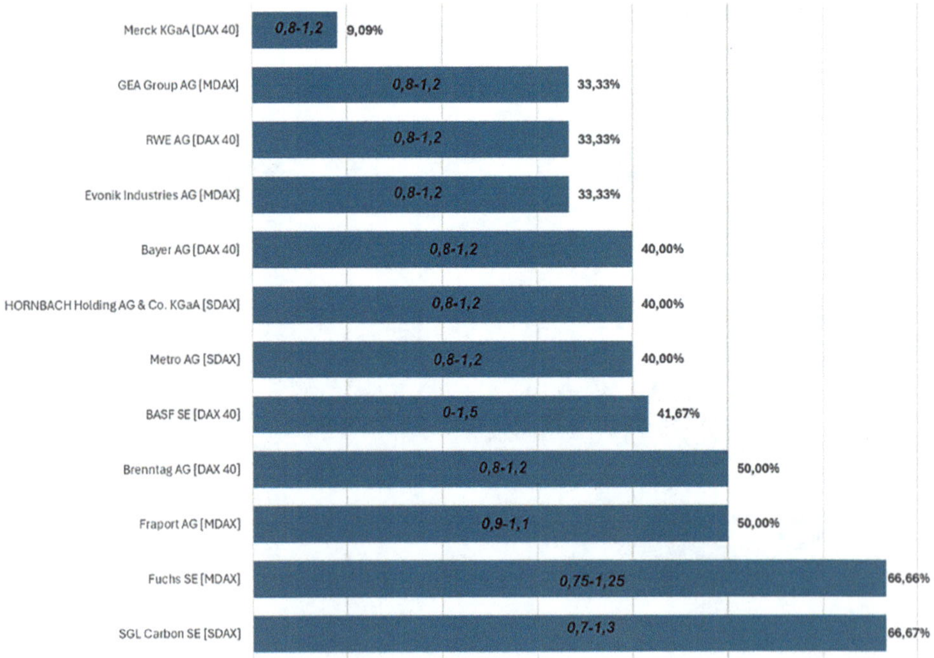

Abb. 5.29 ESG als Teilziele des Multiplikators im STI-Plan 2023 (n = 12). (Quelle: Eigene Darstellung)

Aus der Abb. geht hervor, dass, ähnlich wie im Geschäftsjahr 2022, der Multiplikator von „0,8–1,2“ mit acht von zwölf Unternehmen dominiert. Auffallend ist auch, dass die absolute Zahl der Unternehmen im Vergleich zum Vorjahr von 14 auf zwölf gesunken ist. Dies ist auf *K+S* und *Südzucker* zurückzuführen, die im Jahr 2023 keine Nachhaltigkeitsziele im STI-Plan festsetzen. *K+S* verzichtet auf die Integration von ESG-Zielen im STI-Plan, jedoch gehört das Unternehmen in beiden Geschäftsjahren mit einer Gewichtung von 50 % zu den überdurchschnittlichen Unternehmen im LTI-Plan. Bei *Südzucker* gilt ab dem Geschäftsjahr 2023/24 ein überarbeitetes Vergütungssystem, das Nachhaltigkeitsziele im LTI-Plan, und nicht mehr im STI-Plan, berücksichtigt. An der Form hat sich nichts geändert, da die Ziele weiterhin als Teilziele eines Multiplikators im LTI festgelegt werden (vgl. Südzucker AG 2024, S. 6–8). Diese Entwicklung zeigt eine Verlagerung der ESG-Ziele vom kurzfristigen in den langfristigen variablen Teil der Vergütung, was die nachhaltige Unternehmensentwicklung fördert.

Als rückläufige Entwicklung ist die Verringerung des relativen Anteils der ESG-Ziele bei *Hornbach Holding*, *GEA Group* und *BASF* sowie die Herabsetzung des Multiplikators bei *Brenntag* festzustellen. Während der Multiplikator im Vorjahr bei „0,7–1,3“ liegt, beträgt er im Jahr 2023 noch „0,8–1,2“. Hierbei ist zu beachten, dass im Geschäftsjahr 2023 das Vergütungssystem überarbeitet wurde und erstmals ESG-Ziele mit einem Multiplikator von „0,8–1,2“ im LTI eingeführt wurden. Daher ist die Entwicklung beim Chemieunternehmen *Brenntag* nicht derart rückläufig, wie sie auf den ersten Blick erscheint (vgl. Brenntag AG 2024, S. 51–58).

Eine Tendenz hin zu einer stärkeren ESG-Einbindung zeigt sich beim Schmierstoffhersteller *Fuchs*, dessen ESG-Zielanteil von eins zu drei im Vorjahr auf zwei zu drei im Geschäftsjahr 2023 gestiegen ist. Auch bei dem Großhandelsunternehmen *Metro* ist ein leichter Anstieg zu konstatieren.

Die Entwicklung der relativen Anteile der ESG-Ziele ist jedoch mit Vorsicht zu betrachten, da innerhalb des Multiplikators keine Angaben zur Gewichtung der einzelnen Ziele gemacht werden. Somit ist nicht nachvollziehbar, welche Ziele stärker gewichtet werden.

5.9 ESG-Multiplikator im LTI-Plan

In diesem Abschnitt wird dargestellt, welche Unternehmen einen ESG- bzw. Nachhaltigkeitsmultiplikator in ihrer langfristigen variablen Vergütung verwenden. Darüber hinaus werden die Unternehmen beleuchtet, die ESG-Ziele neben anderen Zielen innerhalb dieses Multiplikators integrieren. Wie bereits festgestellt, sind diese beiden Ansätze in der langfristigen variablen Vergütung weniger stark verbreitet als in der kurzfristigen, was sich auch in den absoluten Zahlen widerspiegelt. Im Geschäftsjahr 2022 nutzen fünf Unternehmen reine ESG-Multiplikatoren, während zwei Unternehmen ESG-Ziele neben anderen Zielen berücksichtigen. Im Geschäftsjahr 2023 steigt diese Zahl leicht an: Sechs Unternehmen verwenden reine ESG-Multiplikatoren und drei Unternehmen etablieren ESG-Ziele neben anderen Zielen. In Abb. 5.30 sind die Unternehmen mit ihren jeweiligen ESG-Multiplikatoren im Jahresvergleich gegenübergestellt.

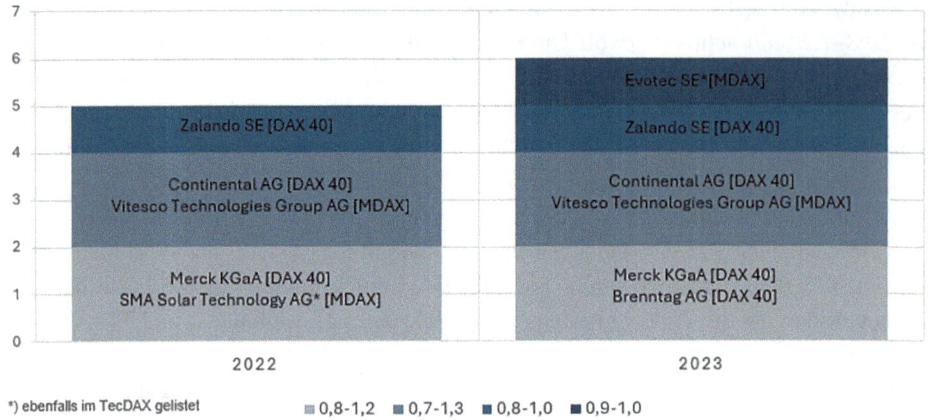

Abb. 5.30 ESG-Multiplikatoren im LTI-Plan (Jahresvergleich). (Quelle: Eigene Darstellung)

Die Multiplikatoren „0,8–1,2" und „0,7–1,3" werden in beiden Jahren am häufigsten verwendet. Der Online-Versandhändler *Zalando* nutzt in beiden Jahren einen Multiplikator von „0,8–1,0", was einem reinen Abschlag entspricht. Die im Geschäftsjahr 2023 neu hinzugekommene Das Biotechnologieunternehmen *Evotec* verwendet ebenfalls einen Abschlagsmultiplikator von „0,9–1,0".

Eine Besonderheit stellt *Zalando* dar: Als einziges der betrachteten Unternehmen weist dieses in beiden Geschäftsjahren keinen STI-Plan auf. Im Vergütungsbericht 2022 heißt es dazu: „Wir halten nichts von kurzfristig orientierter Vergütung, sondern folgen der Philosophie, dass die Vergütung an den langfristigen Erfolg des Unternehmens gekoppelt sein sollte"(Zalando SE 2023, S. 21). Die langfristige variable Vergütung besteht aus einem klassischen LTI, der an finanzielle und ESG-Ziele gekoppelt ist, sowie einem sog. „Zalando Ownership Plan", der ausschließlich an den Aktienkurs gebunden ist. Die genannten ESG-Ziele, die in beiden Jahren identisch sind, werden konkret formuliert und umfassen u. a. die „Reduktion von Treibhausgasemissionen Scope 1 bis 3" sowie die „Erhöhung des Frauenanteils in Führungspositionen". Im Ausblick des Vergütungsberichts 2023 wird beschrieben, dass für das Geschäftsjahr 2024 eine Änderung des Multiplikators auf 0,8–1,2 vorgesehen ist und erstmalig ein kurzfristiger Anreizplan eingeführt werden soll, welcher an finanzielle Leistungskennzahlen geknüpft ist (vgl. Zalando SE 2023, S. 21–56, 2024, S. 19–32).

Im Vergütungssystem 2023 stellt *SMA Solar Technology* die Integrationsmethodik im LTI-Plan auf „Prozentualen Anteil" mit einer Gewichtung von 50 % um. Daher wird das Unternehmen in der Analyse für das Jahr 2023 nicht berücksichtigt. Stattdessen wird *Brenntag* erstmals in die Analyse einbezogen, da hier, wie bereits im vorherigen Kapitel erläutert, ein Multiplikator von „0,8–1,2" Anwendung findet.

Generell lässt sich im Vergleich zum Vorjahr eine Tendenz zur stärkeren Integration von ESG-Kriterien feststellen, insb. bei Unternehmen wie *Zalando* und *Evotec*. Diese Unternehmen belohnen nicht die Erfüllung von ESG-Kriterien, sondern sanktionieren deren Nichterfüllung mit entsprechenden Abschlägen.

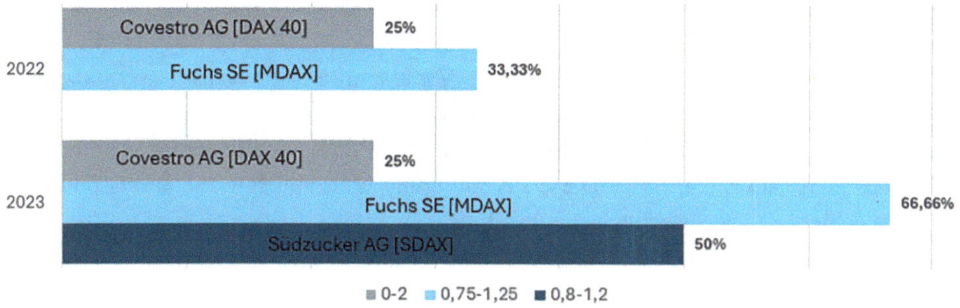

Abb. 5.31 Anteil ESG-Ziele innerhalb des Multiplikators im LTI-Plan. (Quelle: Eigene Darstellung)

In der Abb. 5.31 werden auch die Unternehmen im Jahresvergleich betrachtet, die Nachhaltigkeitsziele neben anderen Zielen im Multiplikator etabliert haben.

Auffällig ist das Chemieunternehmen *Covestro*, das in beiden Jahren einen Multiplikator von „0–2“ bzw. „0–200 %“ verwendet. Innerhalb dieses Faktors wird das Nachhaltigkeitsziel „Reduktion der Treibhausgasemissionen“ mit 25 % gewichtet, während die restlichen 75 % auf den sog. „Outperformance-Faktor“ entfallen, der am Index „STOXX Europe 600 Chemicals“ orientiert ist. Für die Tranche des Geschäftsjahres 2022 beträgt der CO_2-Faktor 100 %, wenn eine Einsparung der Emissionen von 400 Kilotonnen (kt) bis Ende 2025 erreicht wird. Dies basiert auf dem Basisjahr 2020, was einer Reduzierung von 32 % entspricht. Bei einer Reduktion von 250 kt oder weniger beträgt der CO_2-Faktor 0 %. Ab einer Reduktion von 550 kt erreicht er den Maximalwert von 200 %. Zwischen diesen Werten erfolgt eine lineare Interpolation. Für die im Folgejahr zugeteilte Tranche beträgt der CO_2-Faktor 100 %, wenn eine Einsparung von 1300 kt bis Ende 2026 erreicht wird, was einer Reduzierung der Emissionen um 23 % entspricht. Bei einer Verringerung von 650 kt oder weniger beträgt der CO_2-Faktor 0 %. Ab einer Reduktion von 1950 kt erreicht er den Maximalwert von 200 % (vgl. Covestro AG 2023, S. 211–219, 2024, S. 216–225). Die Änderung der Zielvorgaben zeigt eine Erhöhung des absoluten Einsparungsziels (von 400 kt auf 1300 kt), aber eine Verringerung der prozentualen Reduktion (von 32 % auf 23 %), was als rückläufige Entwicklung zu deuten ist.

Während bei *Fuchs* im Geschäftsjahr die ESG-Ziele im Verhältnis eins zu drei in den Leistungsfaktor einbezogen werden, erfolgt für das Geschäftsjahr 2023 eine Erhöhung auf zwei zu drei in den Nachhaltigkeitsfaktor, wobei die Spanne in beiden Jahren zwischen 0,75 und 1,25 liegt. Auf den ersten Blick könnte vermutet werden, dass der Nachhaltigkeitsfaktor nur ESG-Ziele beinhaltet. Bei genauerer Betrachtung wird jedoch deutlich, dass dieser auch finanzielle Ziele umfasst. Der Faktor berücksichtigt Ziele in drei Bereichen: Ökologie (Umweltziele), Soziales (soziale Ziele) und Ökonomie (finanzielle Ziele wie EBIT, Umsatz und Free Cashflow im Vergleich zur Peer Group). Diese breite Definition und die Einbeziehung finanzieller Kennzahlen lassen darauf schließen, dass der Nachhaltigkeitsbegriff hier weit und möglicherweise zugunsten ökonomischer Interessen ausgelegt wird (vgl. Fuchs SE 2023, S. 4–10; Vgl. Fuchs SE 2024, S. 4–9).

Wie bereits im vorherigen Kapitel erwähnt, setzt *Südzucker* mit dem überarbeiteten Vergütungsmodell ESG-Ziele im Berichtsjahr 2023/24 erstmals im LTI-Plan mit einem Multiplikator von „0,8–1,2“ und nicht wie im Vorjahr im STI-Plan fest (vgl. Südzucker AG 2024, S. 7–8). Bei der Nennung der konkreten Ziele bleibt *Südzucker* allerdings vage und definiert: „Die Fortentwicklung der ESG und der CSR im Konzern der Südzucker AG“(Südzucker AG 2024, S. 8). Diese Formulierung lässt viel Interpretationsspielraum und ist aus Sicht der Verfasser auslegungsfähig.

5.10 Einheitlichkeit und Konsistenz der aktuellen Vergütungssysteme

Nachdem eruiert wurde, ob und wie die analysierten Unternehmen ESG-Ziele integrieren, wird in diesem Kapitel die Einheitlichkeit und Konsistenz der aktuellen Vergütungssysteme untersucht. Der Fokus liegt dabei auf der Frage, ob alle aktiven Vorstandsmitglieder nach dem aktuellen Vergütungssystem honoriert werden oder ob das System nur für Teile des Vorstands gilt, sodass bestimmte Mitglieder von der ESG-Incentivierung nicht betroffen sind. Eine vorbildliche Einbindung von ESG-Zielen ist nur dann sinnvoll, wenn sie tatsächlich alle Vorstandsmitglieder betrifft.

Die Analyse wurde für die Berichtsperioden 2022 und 2023 durchgeführt und umfasst jene Unternehmen, die ESG-Ziele in jeglicher Form integriert haben. Unternehmen, die keine ESG-Ziele festsetzen, werden nicht berücksichtigt. Fälle, in denen Teile des Vorstands aus bestimmten Gründen nicht vollständig nach dem aktuellen Modell vergütet werden, deren Vergütung jedoch teilweise dem aktuellen System entspricht, werden zur besseren Vergleichbarkeit dennoch der Kategorie „nicht im aktuellen Vergütungssystem“ zugeordnet. Für das Berichtsjahr 2022 werden 104 Unternehmen untersucht, für das Berichtsjahr 2023 erhöht sich die Anzahl der untersuchten Unternehmen auf 110. Appendix I zeigt, wie viele Unternehmen in den jeweiligen Berichtsjahren alle oder nur einen Teil der Vorstandsmitglieder nach dem aktuellen Vergütungsmodell honorieren. Im Jahr 2022 werden bei 84 von 104 Unternehmen (ca. 80 %) alle Mitglieder des Vorstands nach dem aktuellen System vergütet, während bei 20 Unternehmen (knapp 20 %) nur ein Teil der Mitglieder nach diesem Modell vergütet wird. Der Anteil variiert zwischen 0 % und 80 %.

Im Berichtsjahr 2023 steigt der Anteil der Unternehmen mit vollständiger Vergütung nach dem aktuellen System auf 96 von 110 (rund 87 %), während nur noch 14 Unternehmen (knapp 13 %) eine teilweise Vergütung nach dem aktuellen System gewähren. Die Spannweite verringert sich auf 0 % bis 75 %.

Abb. 5.32 zeigt für das Berichtsjahr 2022 die Unternehmen, bei denen nur ein Teil der Vorstandsmitglieder nach dem aktuellen System vergütet werden.

Dominierend sind die Unternehmen des SDAX (12) und des MDAX (6). Im DAX 40 sind dagegen nur die Unternehmen *Beiersdorf* und *Zalando* vertreten. Bei *1&1* und der Muttergesellschaft *United Internet* wird derzeit kein Vorstandsmitglied nach dem bisherigen System vergütet. Wie bei vielen anderen Gesellschaften ist dies darauf zurückzu-

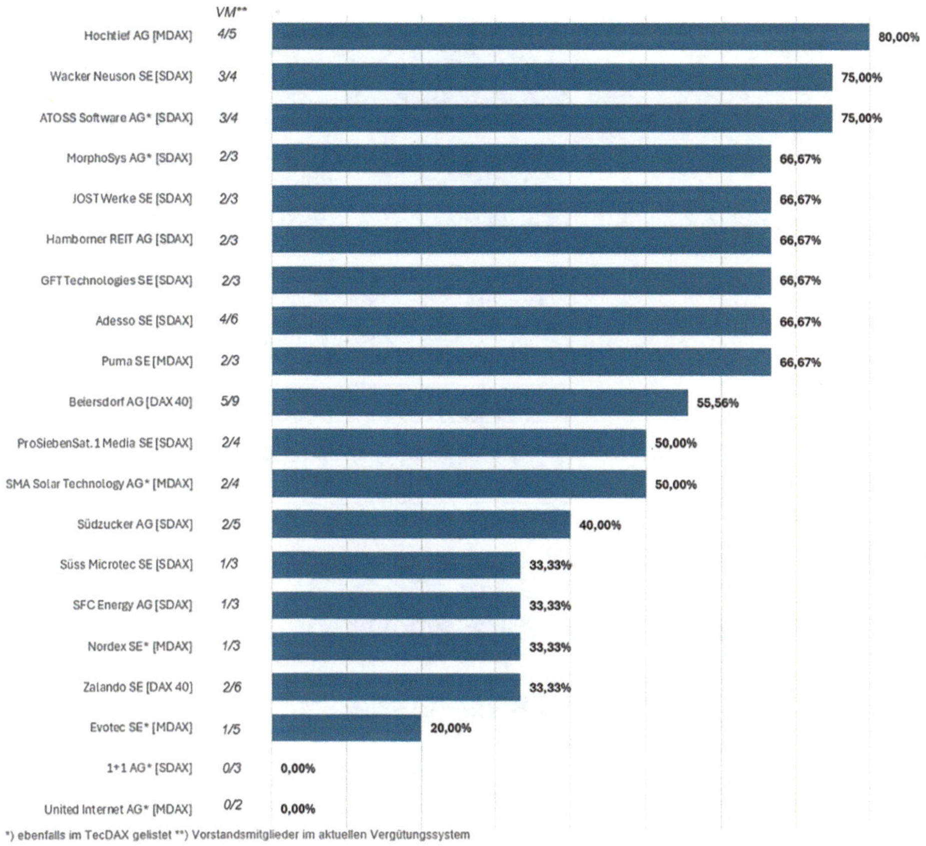

Abb. 5.32 Anteile der Vorstandsmitglieder im aktuellen Vergütungssystem 2022. (Quelle: Eigene Darstellung)

führen, dass das nach ARUG II erstmals im Jahr 2021 zu genehmigende Vergütungssystem, gemäß § 26j Abs. 1 S. 3 EG AktG i. V. m. mit § 87a Abs. 2 S. 2 AktG, erst für Dienstverträge gilt, die ab der Hauptversammlung 2021 neu abgeschlossen oder verlängert werden. Die Vorstandsmitglieder wurden demnach vor diesem Zeitraum bestellt und fallen insofern nicht unter das neue System.

Bei den Telekommunikationsdienstleistern *1&1* und *United Internet* (die denselben CEO haben) wird im Vergütungsbericht konkret beschrieben, wer und warum nicht nach dem aktuellen System vergütet wird (vgl. 1 & 1 AG 2023, S. 256; United Internet AG 2023, S. 6). Bei anderen Unternehmen, wie z. B. *Beiersdorf*, werden keine konkreten Namen genannt, sondern lediglich beschrieben, dass das Vergütungssystem für alle ab 2021 neu bestellten Vorstandsmitglieder gilt (vgl. Beiersdorf AG 2023, S. 2). Das MDAX-Unternehmen *Evotec* wird bei der Einbindung der Vorstände in das aktuelle Vergütungssystem konkret und listet die betroffenen Vorstandsmitglieder auf (vgl. Evotec SE 2023, S. 1). Im Gegensatz dazu bleibt die Formulierung vom Brennstoffzellenhersteller *SFC*

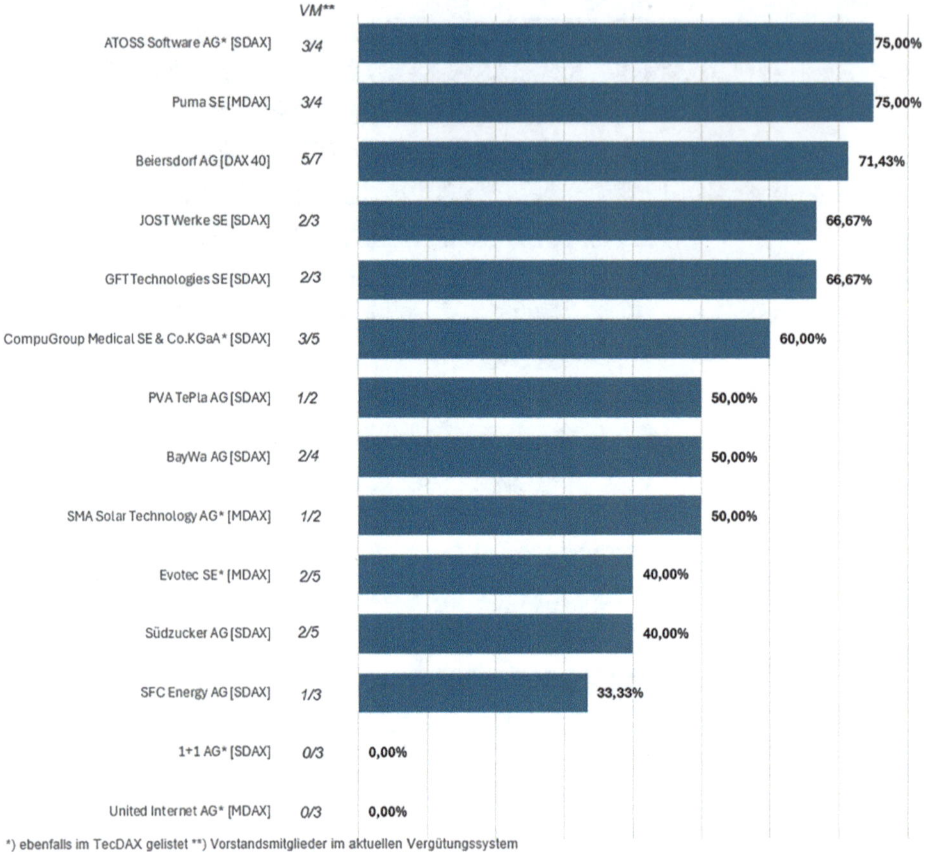

Abb. 5.33 Anteile der Vorstandsmitglieder im aktuellen Vergütungssystem 2023. (Quelle: Eigene Darstellung)

Energy vage und beschreibt lediglich, dass zwei Vorstandsverträge nicht unter das aktuelle Vergütungssystem fallen, ohne konkrete Namen zu bestimmen (vgl. SFC Energy AG 2023, S. 200).

Abb. 5.33 veranschaulicht die Entwicklung in der Berichtsperiode 2023.

Zunächst ist anzumerken, dass bei *1&1* und *United Internet*, wie bereits im Berichtsjahr 2022, kein Vorstandsmitglied nach dem aktuellen System vergütet wird. Darüber hinaus sind die Gesellschaften *CompuGroupMedical*, *PVA TePla* und *BayWa* neu hinzugekommen. Grund hierfür ist, dass diese im Referenzjahr 2022 keine ESG-Ziele einbezogen haben und daher in der Vorjahresanalyse nicht berücksichtigt werden. Auch die Dominanz der SDAX-Unternehmen fällt, wie bereits im Berichtsjahr 2022, auf.

Eine Besonderheit ergibt sich bei dem High-Tech-Materialienunternehmen *PVA TePla*: Das im Jahr 2023 angewendete Vergütungssystem, das ESG-Kriterien beinhaltet, besteht bereits seit dem Geschäftsjahr 2021. Im Vergütungsbericht für das Jahr 2022 wird beschrieben, dass der Aufsichtsrat neben der finanziellen Kenngröße „EBIT" in der zweiten Kenngröße, „individuelle Performance", auch nichtfinanzielle Kenngrößen festlegen kann und führt Beispiele wie die „Geschäftsentwicklung" oder die „Mitarbeiterzufriedenheit" an. Da hier keine Gewichtung und auch keine Form der Einbindung ersichtlich ist, wird dieses Unternehmen im Berichtsjahr 2022 der Kategorie „Keine Integration" zugeordnet. Aus der Beschreibung der Anwendung des Vergütungssystems geht hervor, dass keines der Mitglieder nach diesem System vergütet wird und alle vier nach dem alten System honoriert werden (vgl. PVA TePla AG 2023, S. 6–14). Im Geschäftsjahr 2023 findet das neue Vergütungssystem erstmals für die neu ernannte CEO Anwendung (vgl. PVA TePla AG 2024, S. 13). Das ESG-Ziel wird entsprechend explizit als „Weiterentwicklung der ESG-Strategie und Erreichen definierter Meilensteine" definiert und mit 20 % gewichtet (PVA TePla AG 2024, S. 17).

Es lässt sich feststellen, dass im Berichtsjahr 2023 bei neun Unternehmen, bei denen im Jahr 2022 nur Teile des Vorstands nach dem aktuellen Vergütungssystem vergütet wurden, nunmehr alle Mitglieder diesem System unterliegen. Eine Veränderung ist auch bei den Unternehmen *PUMA*, *Beiersdorf* und *Evotec* zu verzeichnen, bei denen zwar weiterhin nur Teile des Vorstands nach dem aktuellen System vergütet werden, der relative Anteil im Vergleich zur Vorperiode jedoch gestiegen ist.

Festzuhalten ist, dass bei der Betrachtung der Vorstandsvergütung nach ESG-Kriterien nicht nur das Vergütungssystem an sich, sondern auch dessen Gültigkeit, für alle Vorstandsmitglieder berücksichtigt werden sollte. Wie eingangs festgestellt, bezieht ein nicht unerheblicher Teil der Unternehmen mit ESG-Incentivierung in der Vorstandsvergütung nicht alle Mitglieder ein. Insgesamt lässt sich jedoch eine positive Entwicklung, hin zu einer vollständigen Einbeziehung aller Vorstandsmitglieder, feststellen.

5.11 Klassifikation und Häufigkeit der ESG-Ziele

Zur Fragestellung, in welchem Teil des ESG-Konzepts Ziele genannt werden, erfolgt eine systematische Aufbereitung aller identifizierten Ziele und eine Zuordnung zu den Kategorien „E", „S", „G" und „ESG". Diese Einordnung orientiert sich an dem im theoretischen Kapitel 2.1 vorgestellten ESG-Konzept. Ziele, die nicht eindeutig zugeordnet werden können, aber dennoch nachhaltigkeitsrelevant sind, werden der Kategorie „ESG" zugeteilt. Ein Beispiel hierfür ist das Ziel von *Evonik Industries* „Vorstellung und Verabschiedung der Nachhaltigkeitsstrategie" im STI-Plan 2022. Die Verteilung auf die verschiedenen Klassifizierungen, sowie ein Ranking der am häufigsten genannten ESG-Ziele, werden für jedes Geschäftsjahr, sowohl für den STI,- als auch für den LTI-Plan, präsentiert.

Abb. 5.34 illustriert die Verteilung der Zielklassifizierung im STI-Plan 2022.

Während die absolute Anzahl der im STI-Plan genannten Ziele von 208 auf 212 nur geringfügig ansteigt, zeigt sich eine deutliche Verschiebung in der Verteilung der ESG-Ziele. In beiden Jahren sind die „S"-Ziele am häufigsten vertreten, gefolgt von den

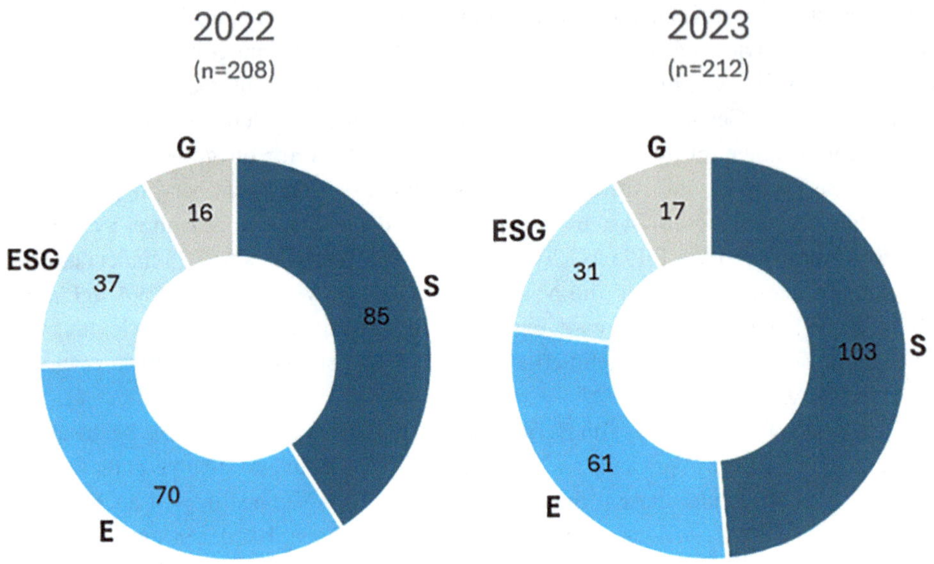

Abb. 5.34 ESG-Zielklassifizierung im STI-Plan. (Quelle: Eigene Darstellung)

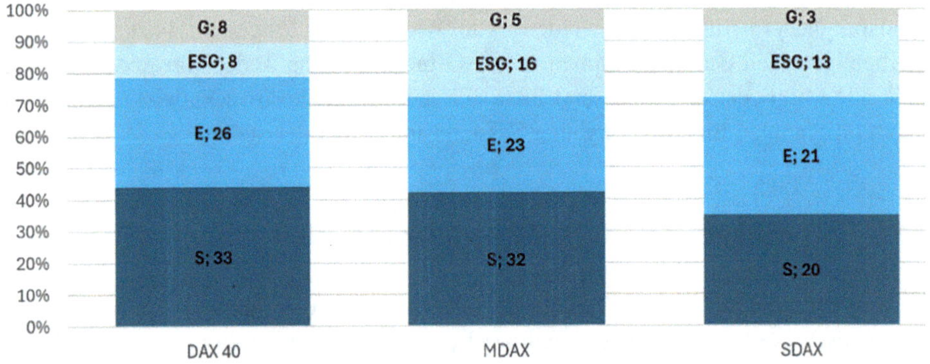

Abb. 5.35 ESG-Zielklassifikationen im STI-Plan nach DAX-Segment 2022. (Quelle: Eigene Darstellung)

„E"-Zielen. Im Geschäftsjahr 2023 machen die „S"-Ziele mit 103 Nennungen knapp 50 % der Ziele aus, im Vorjahr waren es noch rund 40 % (85 Nennungen). Diese Entwicklung führt zu einem Rückgang des Anteils der „E"-Ziele von 70 (34 %) auf 61 (29 %). In beiden Jahren machen die „G"-Ziele mit ca. 8 % den geringsten Anteil aus.

Abb. 5.35 und 5.36 zeigen die Verteilung der Ziele in den jeweiligen DAX-Segmenten für beide Berichtsjahre.

Auffällig ist, dass im SDAX im Jahr 2022 die Umweltziele eine größere Rolle spielen als die „S"-Ziele. In der Folgeperiode gleicht sich diese Verteilung an und es zeigt sich

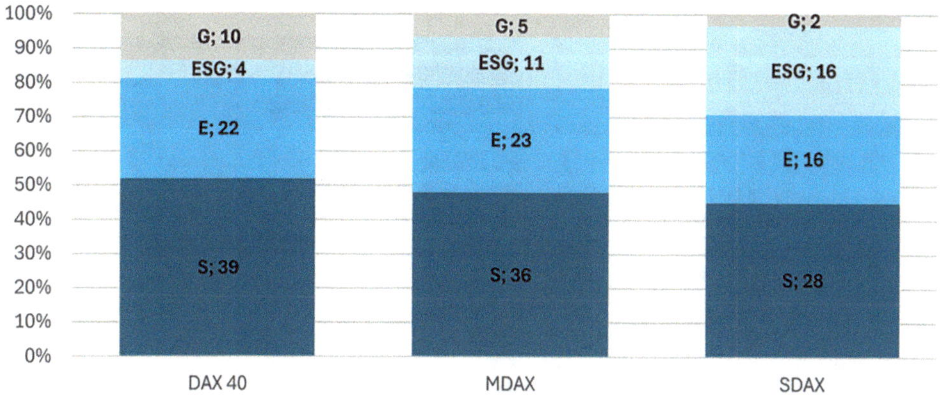

Abb. 5.36 ESG-Zielklassifikationen im STI-Plan nach DAX-Segment 2023. (Quelle: Eigene Darstellung)

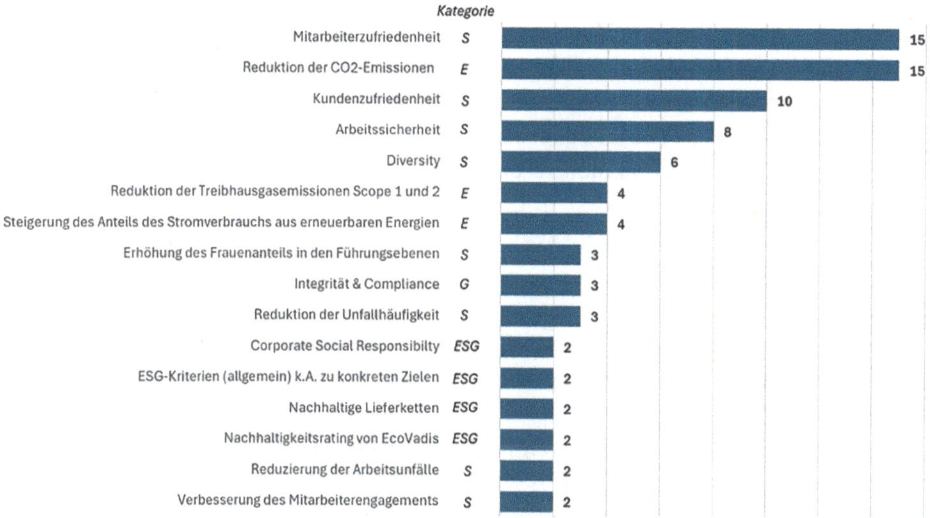

Abb. 5.37 Ranking der ESG-Ziele im STI-Plan 2022. (Quelle: Eigene Darstellung)

eine ähnliche Struktur in allen Segmenten. Weiterhin ist auffällig, dass im DAX 40 in beiden Jahren die meisten „G"-Ziele genannt werden, während „ESG"-Ziele den geringsten Anteil ausmachen. Im gesamten SDAX wurden im Geschäftsjahr 2022 drei und im Geschäftsjahr 2023 zwei „G"-Ziele genannt. Die Abb. 5.37 und 5.38 illustrieren die Mehrfachnennungen der ESG-Ziele im Ranking des STI-Plans.

Hier belegt „Mitarbeiterzufriedenheit" in beiden Geschäftsjahren den ersten Platz mit einer deutlichen Steigerung von 15 auf 19 Zielnennungen. Es folgen „CO_2-Reduktion" auf Platz zwei, „Kundenzufriedenheit" auf Platz drei und „Arbeitssicherheit" auf Platz vier.

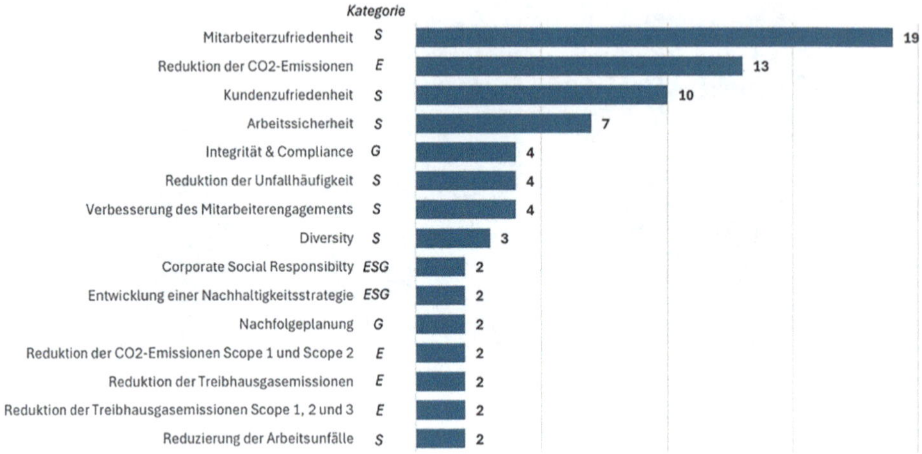

Abb. 5.38 Ranking der ESG-Ziele im STI-Plan 2023. (Quelle: Eigene Darstellung)

Das einzige „G"-Ziel bei den Mehrfachnennungen stellt „Integrität & Compliance" dar mit nur drei Nennungen im Berichtsjahr 2022 und vier Nennungen im Berichtsjahr 2023.

Es ist festzustellen, dass viele Unternehmen die Emissionsziele detaillierter beschreiben und den jeweiligen Scope (1 bis 3) angeben, was im Vergleich zu der eher vagen Beschreibung „Reduktion der CO_2-Emissionen" eine präzisere Darstellung bietet.

Scope 1-Emissionen umfassen direkte Treibhausgasemissionen aus Quellen, die unter der Kontrolle des Unternehmens stehen, wie z. B. Emissionen aus der Verbrennung fossiler Brennstoffe in firmeneigenen Fahrzeugen. Scope 2-Emissionen beinhalten indirekte Treibhausgasemissionen aus dem Verbrauch von eingekaufter Energie, z. B. Strom oder Wärme. Scope 3-Emissionen schließen alle anderen indirekten Emissionen ein, die in der Wertschöpfungskette des Unternehmens entstehen (vgl. Deutsche Bundesbank 2023, S. 40).

Dem Ziel „ESG-Kriterien (allgemein) k.A. zu konkreten Zielen" werden die Ziele zugeordnet, bei denen bekannt ist, dass ESG-Kriterien verankert sind, jedoch keine konkreten Ziele genannt werden. Ein Beispiel hierfür ist *Bechtle*, bei der ESG-Ziele in den Multiplikator integriert werden, bei der konkreten Beschreibung jedoch darauf hingewiesen wird, dass sich diese an der Unternehmensstrategie orientieren (vgl. Bechtle AG 2023b, S. 7–12).

Das Ziel „Kundenzufriedenheit" ist laut einschlägiger Literatur dem ESG-Konzept zuzuordnen. Dass es im Ranking an zweiter Stelle steht, ist aus Sicht des Autors kritisch zu hinterfragen, da dadurch andere ESG-Ziele, wie Umwelt- und Sozialverantwortung, vernachlässigt werden könnten. Zudem könnte die Priorisierung der Kundenzufriedenheit zu Interessenkonflikten führen, bei denen der kurzfristige Kundennutzen zu Lasten langfristiger ESG-Ziele geht.

Bei Durchsicht aller genannten Ziele fällt primär der IT-Dienstleister *adesso* auf. Das Unternehmen hat das Ziel des „Mitarbeitendenwachstums" sowohl im STI-Plan 2022 als

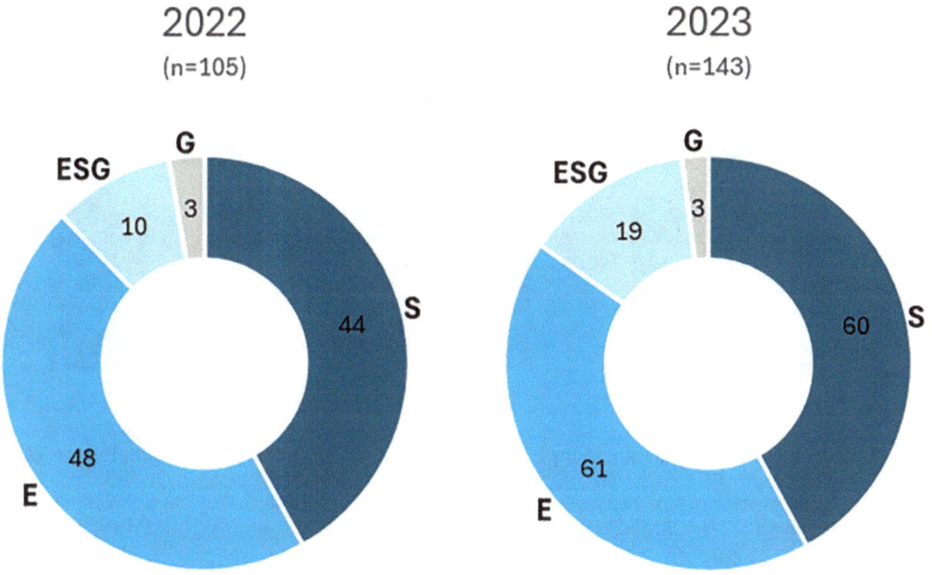

Abb. 5.39 ESG-Zielklassifizierung im LTI-Plan. (Quelle: Eigene Darstellung)

auch 2023 als einziges Nachhaltigkeitsziel aufgenommen und mit knapp 20 % gewichtet (vgl. adesso SE 2024, S. 6). Aus Sicht des Autors erscheint dieses Ziel eher dem strategischen Bereich als der nachhaltigen Entwicklung zugeordnet und sollte daher ebenfalls kritisch hinterfragt werden.

Um die Klassifizierung der ESG-Ziele auch für den mehrjährigen Teil der variablen Vergütung greifbar zu machen, zeigt die Abb. 5.39 die Verteilung der Ziele.

Der LTI-Plan offenbart im Vergleich zum STI-Plan ein gegenläufiges Bild. Die absolute Anzahl der Ziele erhöht sich von 105 im Vorjahr auf 143 für das Geschäftsjahr 2023 markant. Die Verteilung der Ziele innerhalb der Kategorien verändert sich jedoch nur marginal. Im Gegensatz zum STI-Plan werden im LTI-Plan Ziele aus den Bereichen „E“ und „S“ in etwa gleich häufig genannt, wobei die „E“-Ziele in beiden Jahren sogar leicht dominieren. Ein deutlich höherer Anteil an „S“-Zielen wie im STI-Plan ist nicht zu erkennen. Ziele im Bereich „Governance“ werden kaum genannt und spielen eine noch geringere Rolle als im STI-Plan.

Abb. 5.40 und 5.41 illustrieren die Verteilung der Ziele innerhalb der DAX-Segmente.

Im DAX 40 decken die Umwelt- und Sozialziele in beiden Jahren über 90 % aller Zielnennungen ab. Im SDAX machen diese Ziele im Jahr 2022 ca. 75 % und im Jahr 2023 ca. 70 % der Nennungen aus. Im SDAX dominieren im Jahr 2022 die „S“-Ziele, im Jahr 2023 die „E“-Ziele und in keinem Jahr werden „G“-Ziele aufgeführt. Im MDAX verschiebt sich die Dominanz von „E“-Zielen im Berichtsjahr 2022 auf „S“-Ziele im Berichtsjahr 2023.

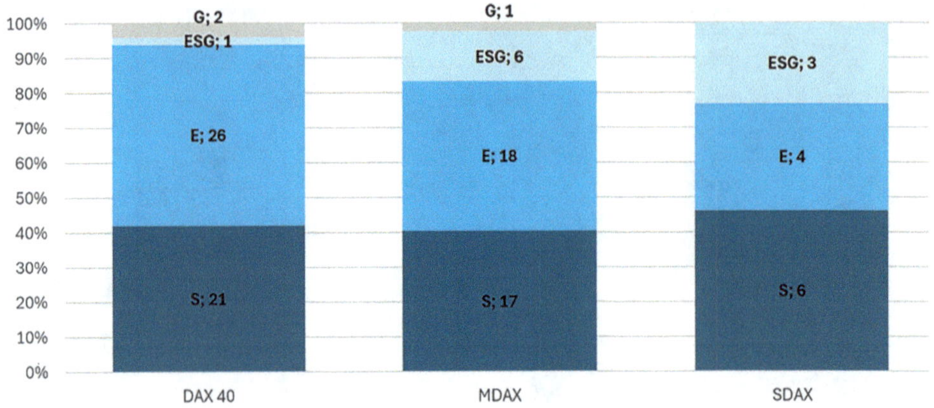

Abb. 5.40 ESG-Zielklassifikationen im LTI-Plan nach DAX-Segment 2022. (Quelle: Eigene Darstellung)

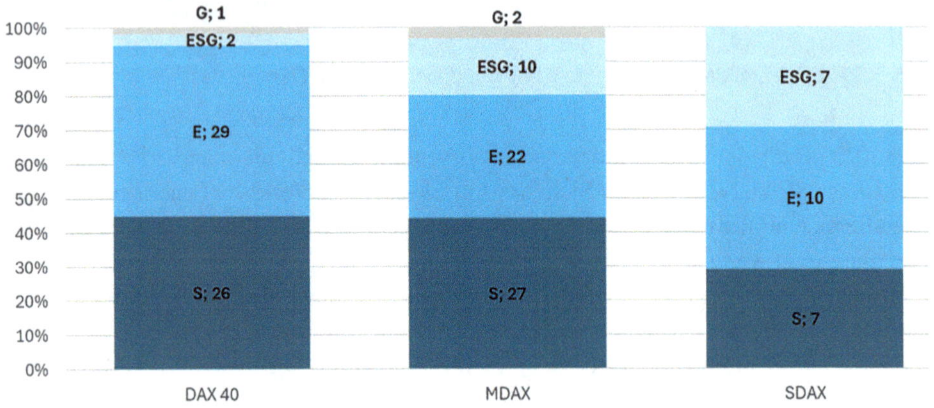

Abb. 5.41 ESG-Zielklassifikationen im LTI-Plan nach DAX-Segment 2023. (Quelle: Eigene Darstellung)

Die Analyse des Rankings der am häufigsten genannten ESG-Ziele (Abb. 5.42 und 5.43) zeigt, dass in beiden Jahren das Ziel „Reduktion der CO_2-Emissionen" mit 13 Nennungen im Jahr 2022 und 22 Nennungen im Jahr 2023, mit Abstand an erster Stelle steht. Es folgt das Ziel „Erhöhung des Frauenanteils in den Führungsebenen" mit neun Nennungen im Jahr 2022 und 14 Nennungen im Jahr 2023. An dritter Stelle steht, wie im STI-Plan, das Ziel „Kundenzufriedenheit" mit acht Nennungen im Jahr 2022 und neun Nennungen im Jahr 2023.

Analog zum STI-Plan werden die Emissionsziele von einigen Unternehmen spezifischer formuliert als das allgemeine Ziel „Reduktion der CO_2-Emissionen". So belegt das Ziel „Reduktion der Treibhausgasemissionen Scope 1 und Scope 2" im Jahr 2022 mit vier Nennungen den sechsten Platz und im Jahr 2023 mit sechs Nennungen den fünften Platz.

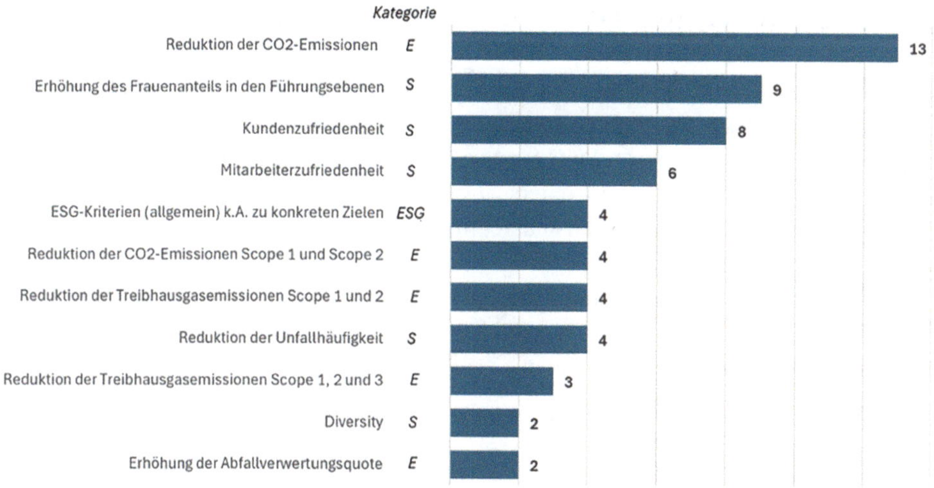

Abb. 5.42 Ranking der ESG-Ziele im LTI-Plan 2022. (Quelle: Eigene Darstellung)

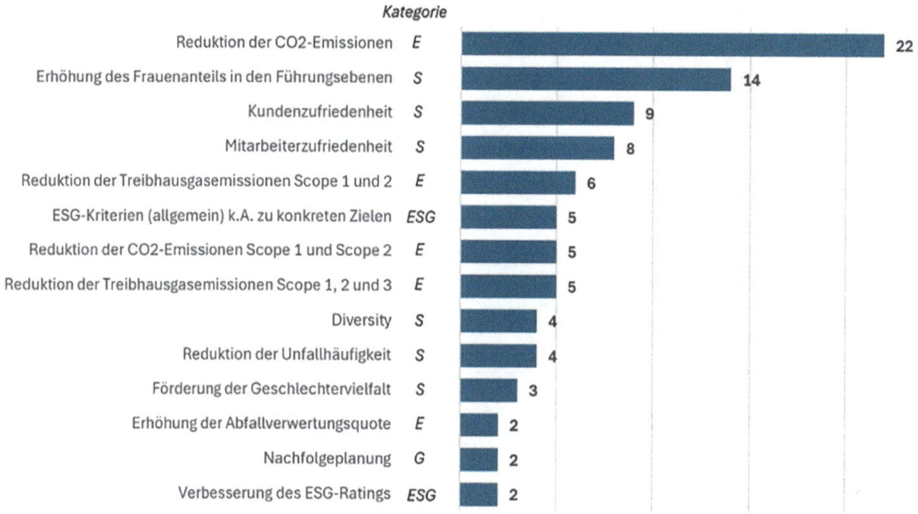

Abb. 5.43 Ranking der ESG-Ziele im LTI-Plan 2023. (Quelle: Eigene Darstellung)

Im Geschäftsjahr 2022 gab es keine Mehrfachnennungen von „G"-Zielen, im Geschäftsjahr 2023 wurde das Ziel „Nachfolgeplanung" zweimal genannt.

Es lässt sich festhalten, dass sowohl bei der kurzfristigen als auch bei der langfristigen variablen Vergütung, soziale und ökologische Ziele die größte Rolle spielen, wobei im kurzfristigen Teil die sozialen Ziele dominieren. Der Bereich „Governance" spielt in beiden Berichtsteilen eine untergeordnete Rolle, insb. im LTI-Plan in beiden Jahren, wo aus Sicht der Autorschaft Nachholpotenzial besteht.

5.12 Rolle und Einfluss des CSOs auf die ESG-Integration

Wie bereits in Abschn. 2.3 erläutert, wird die Präsenz von CSOs auf Vorstandsebene untersucht, um den Einfluss auf die ESG-Integration in die Vorstandsvergütung zu analysieren. In Anlehnung an die Studie von PwC Strategy& werden die für diese Analyse relevanten „CSOs with impact“ dahingehend untersucht, ob sie der Kategorie Typ 1 (CEO = CSO) oder Typ 2 (C-Level CSO, bei dem andere Vorstandsmitglieder die Rolle des CSO übernehmen), zuzuordnen sind.

Im Zuge der Analyse stellte sich die Problematik, dass einige Vorstandsmitglieder die Hauptverantwortung für „ESG/Nachhaltigkeit/Sustainability“ tragen bzw. den Titel „Head of Sustainability“ aufweisen, ohne explizit als „Chief Sustainability Officer“ bezeichnet zu werden.

Um diesem Umstand Rechnung zu tragen, wird zusätzlich untersucht, ob diese Mitglieder den exakten Titel „CSO“ tragen oder lediglich für die entsprechenden Geschäftsbereiche verantwortlich sind. Abb. 5.44 zeigt diese Struktur für das Berichtsjahr 2022.

Es ist zu konstatieren, dass von den 130 untersuchten Unternehmen 78 (entsprechen 60 %) die Hauptverantwortung für Nachhaltigkeit einem Vorstandsmitglied übertragen. Dies bedeutet nicht, dass die übrigen 52 Unternehmen keinen CSO beschäftigen, sondern dass diese Position nicht auf Vorstandsebene angesiedelt ist. Bei mehr als der Hälfte der „CSO with impact“ liegt die Verantwortung beim CEO (Typ 1). Bei knapp der Hälfte bei anderen Vorstandsmitgliedern (Typ 2). Von den analysierten Unternehmen bezeichnen sich acht explizit als „CSO“, wovon vier dem Typ 1 und vier dem Typ 2 zuzuordnen sind. Eine nähere Betrachtung dieser acht Unternehmen zeigt, dass die vier CSOs des Typs 1 alle aus dem DAX 40 stammen

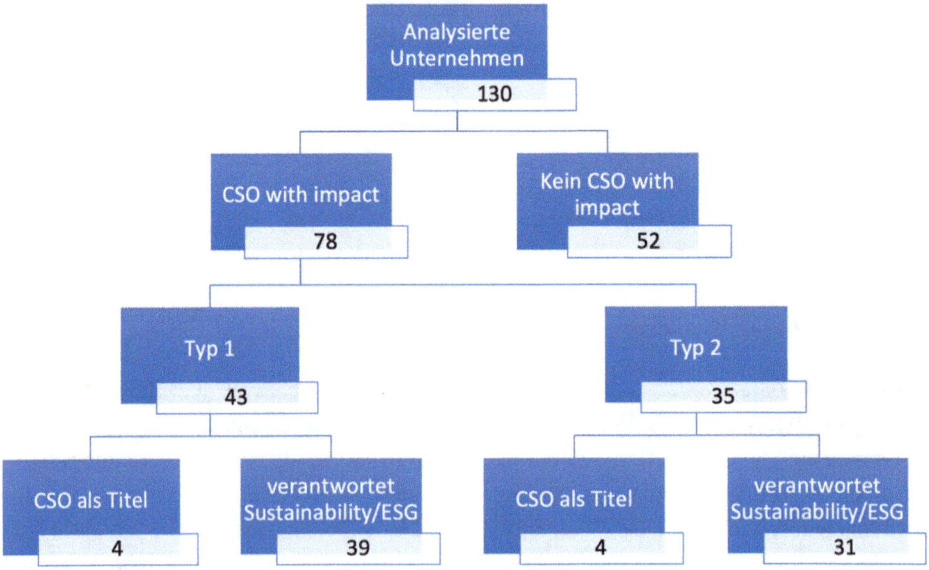

Abb. 5.44 Die Präsenz des CSOs auf Vorstandsebene im Geschäftsjahr 2022. (Quelle: Eigene Darstellung)

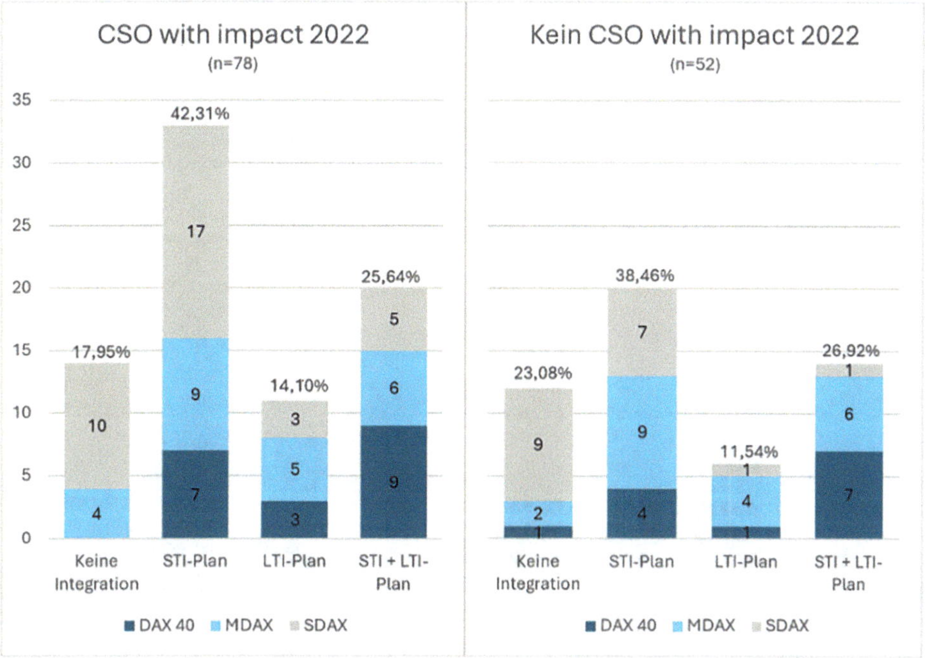

Abb. 5.45 Vergleich ESG-Integration mit und ohne CSO with impact 2022. (Quelle: Eigene Darstellung)

(Bayer, E.ON, MTU und Siemens Energy). Die vier CSOs des Typs 2 stammen aus dem DAX 40 (Heidelberg Materials, Siemens) und dem MDAX (Hochtief, Kion Group). Im SDAX gibt es kein Unternehmen, bei dem ein Vorstandsmitglied den Titel „CSO" trägt.

Um den Einfluss von CSOs auf die ESG-Integration zu verdeutlichen, zeigt Abb. 5.45 einen Vergleich, in dem „CSO with impact" und „kein CSO with impact" hinsichtlich des Ortes der Integration gegenübergestellt werden.

Auffällig ist, dass der Anteil der Unternehmen ohne ESG-Integration bei Unternehmen mit einem CSO auf Vorstandsebene geringer ist als bei Unternehmen ohne CSO auf Vorstandsebene. Zudem zeigt sich, dass Unternehmen mit einem „CSO with impact" häufiger ESG-Ziele, sowohl nur im STI-, als auch nur im LTI-Plan einbinden. Diese beiden Beobachtungen deuten zunächst auf einen positiven Zusammenhang hin. Allerdings passt es nicht in das konsistente Bild, dass bei Unternehmen ohne „CSO with impact" marginal mehr Unternehmen ESG-Ziele in beide Teile der variablen Vergütung integrieren.

Der Anteil der Unternehmen mit einem „CSO with impact" variiert in den einzelnen Segmenten. Im SDAX haben 66 % der analysierten Unternehmen eine „CSO with impact", was den höchsten Anteil darstellt. Es folgt der DAX 40 mit knapp 60 %. Im TecDAX hingegen haben nur 48 % der analysierten Unternehmen einen „CSO with impact", was den niedrigsten Anteil unter den Segmenten darstellt.

Abb. 5.46 zeigt den Vergleich der Unternehmen mit Typ 1 und Typ 2 „CSOs with impacts" für das Geschäftsjahr 2022 hinsichtlich der ESG-Integration.

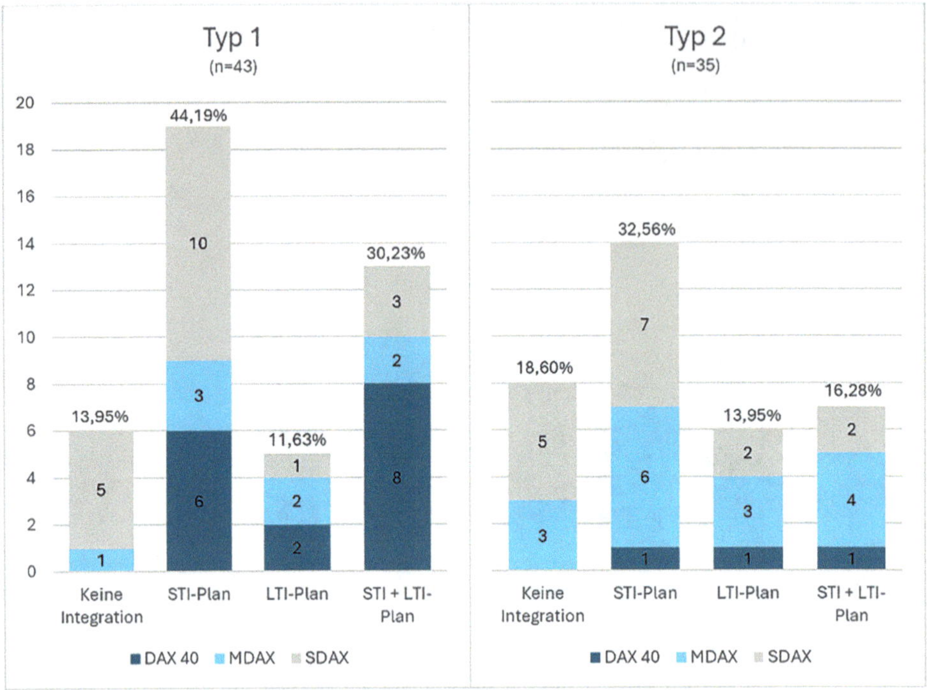

Abb. 5.46 ESG-Integration CSO with impact Typenvergleich 2022. (Quelle: Eigene Darstellung)

Es wird deutlich, dass bei Typ 1 CSOs mehr Unternehmen ESG-Kriterien verankern und auch der Anteil der Unternehmen, bei denen die Integration in beide Vergütungsbestandteile erfolgt, höher ist. Auffällig ist auch, dass es deutlich mehr DAX 40 Unternehmen mit Typ 1 CSOs (16 Unternehmen) als mit Typ 2 CSOs (3 Unternehmen) gibt. Umgekehrt verhält es sich bei den MDAX-Unternehmen: Hier gibt es deutlich mehr Typ 2 CSOs (16 Unternehmen) als Typ 1 CSOs (8 Unternehmen). Im TecDAX zeigt sich ein umgekehrtes Bild. Hier integrieren mehr Unternehmen mit einem „CSO with impact“ keine ESG-Ziele und verankern weniger ESG-Ziele in den STI- und LTI-Plänen.

In der Abb. 5.47 ist die Struktur der „CSO with impact“ für das Geschäftsjahr 2023 dargestellt.

Im Vorjahresvergleich erhöht sich die Gesamtzahl der CSOs auf Vorstandsebene von 78 auf 82, was einem Anteil von 63 % aller untersuchten Unternehmen entspricht. Während die Anzahl der CSOs vom Typ 1 im Vergleich zum Vorjahr um 1 gesunken ist (von 43 auf 42), ist die Anzahl der CSOs vom Typ 2 von 35 auf 40 gestiegen. Die vier Typ 1 CSOs, die den offiziellen Titel tragen, sind die gleichen wie im Vorjahr. Bei den Typ 2 CSOs mit offiziellen Titeln hat sich die Zahl von vier auf fünf erhöht, da im Berichtsjahr 2023 bei dem Halbleiterunternehmen *Infineon Technologies* ein neues Vorstandsmitglied als „Chief Digital and Sustainability Officer“ bestellt wurde (vgl. Infineon Technologies AG o.J.). Damit hat sich die Gesamtzahl der Unternehmen mit „CSO als Titel“ von acht auf neun erhöht, wobei weiterhin kein SDAX-Unternehmen vertreten ist. Um den Einfluss von „CSO with impact“ auf die ESG-Integration zu untersuchen, zeigt die Abb. 5.48

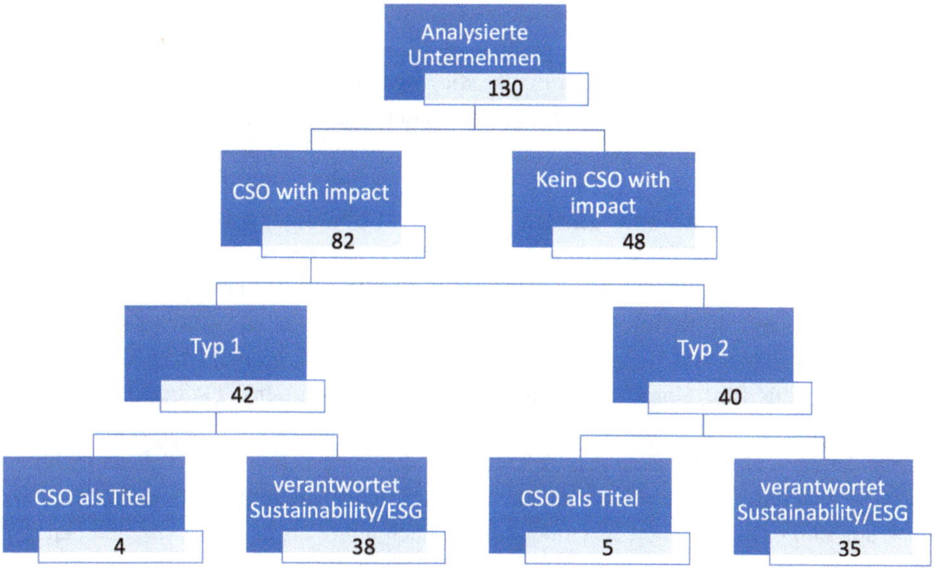

Abb. 5.47 Die Präsenz des CSOs auf Vorstandsebene im Geschäftsjahr 2023. (Quelle: Eigene Darstellung)

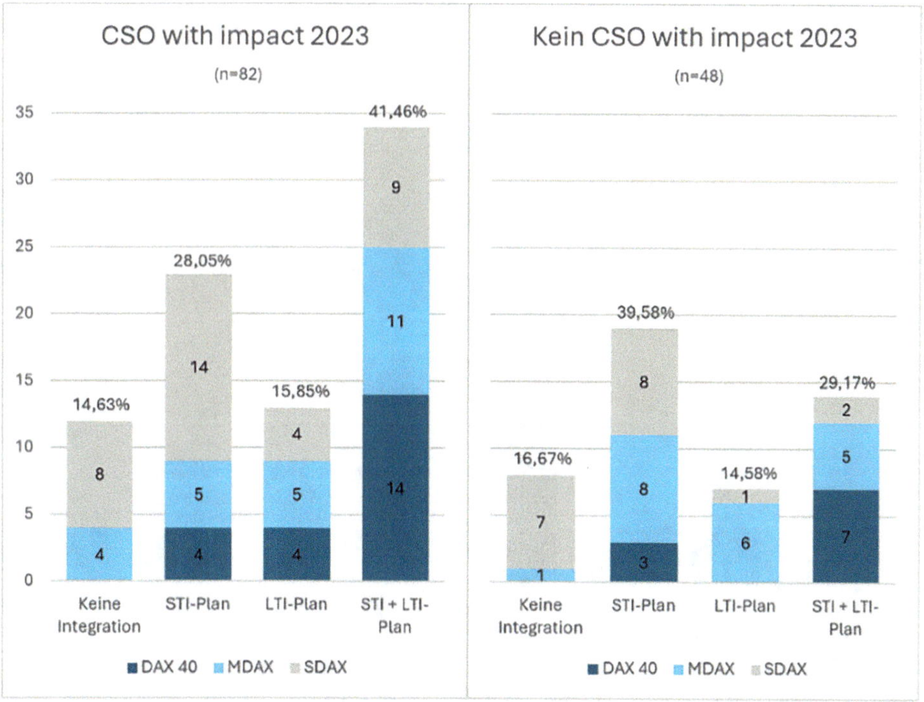

Abb. 5.48 Vergleich ESG-Integration mit und ohne CSO with impact 2023. (Quelle: Eigene Darstellung)

den Vergleich der ESG-Integrationsorte zwischen Unternehmen mit und ohne „CSO with impact" für das Geschäftsjahr 2023.

Im Vorjahresvergleich zeigt sich ein Anstieg der Unternehmen mit einem CSO auf Vorstandsebene, die ESG-Kriterien integrieren. Dies liegt daran, dass der Anteil der Unternehmen ohne Integration von 18 % auf 15 % gesunken ist. Zudem zeigt sich eine Verlagerung im Vergleich zum Vorjahr. Im Geschäftsjahr 2022 dominiert mit 42 % der Anteil der Unternehmen, die ESG-Ziele nur in den STI-Plan integrieren, während im Geschäftsjahr 2023 mit 42 % der Anteil der Unternehmen überwiegt, die ESG-Ziele in beide Teile des Berichts integrieren. Besonders auffällig ist im SDAX, dass die Anzahl der Unternehmen mit „Keine Integration" um zwei gesunken ist, während die Integration in beiden Plänen um vier gestiegen ist. Auch beim DAX 40 und MDAX ist ein Anstieg, um jeweils fünf Unternehmen bei der Einbindung in den STI- und LTI-Plan zu verzeichnen.

Auf der anderen Seite verringert sich auch bei den Unternehmen ohne „CSO with impact" der Anteil der Unternehmen mit „keiner Integration" im Vergleich zum Vorjahr von 23 % auf 17 %. Dieser Anteil ist jedoch immer noch höher als bei den Unternehmen mit einem „CSO with impact".

Abb. 5.49 illustriert den Vergleich der ESG-Integration zwischen Typ 1 und Typ 2 CSOs.

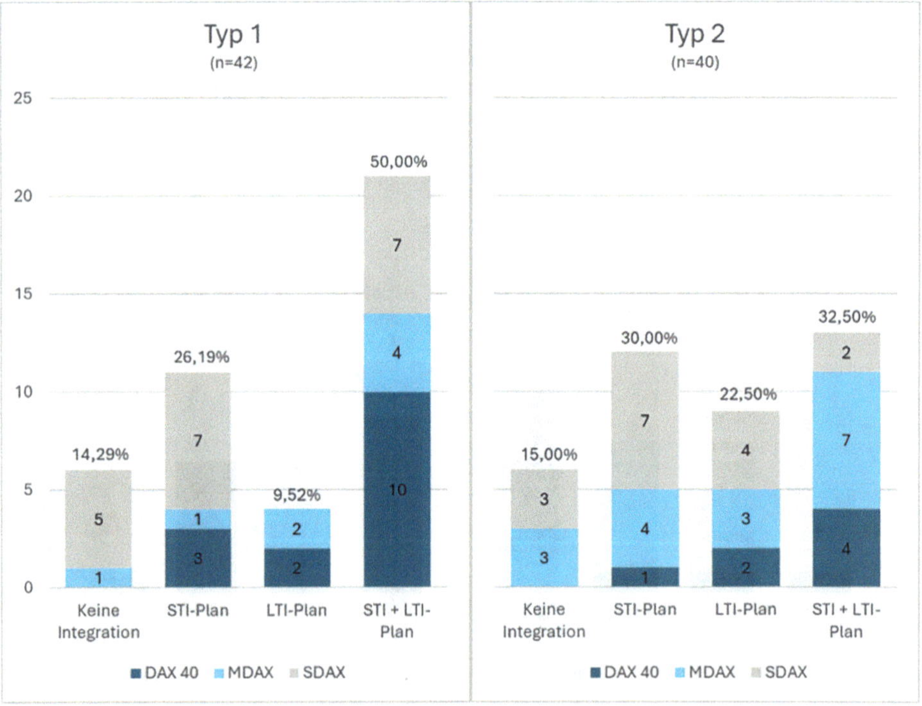

Abb. 5.49 ESG-Integration CSO with impact Typenvergleich 2023. (Quelle: Eigene Darstellung)

Im Vergleich zum Vorjahr zeigt sich bei den CSOs des Typs 1 eine Verschiebung. Im Vorjahr liegt der Anteil der Unternehmen, die ESG-Ziele nur im STI-Plan festsetzen, bei 44 %. In Periode 2023 hingegen dominieren mit einem Anteil von 50 % die Unternehmen, die ESG-Ziele in beide Pläne einbeziehen. Insb. im SDAX sinkt die Anzahl der Unternehmen, die ESG-Ziele nur in den STI-Plan integrieren, von zehn auf sieben, während die Anzahl der Unternehmen, die ESG-Ziele in beide Pläne aufnehmen, von drei auf sieben steigt. Der Anteil der Unternehmen, die keine ESG-Ziele integrieren, bleibt unverändert. Bei den CSOs des Typs 2 haben mehr Unternehmen ESG-Ziele einbezogen als im Vorjahr. Zudem findet eine Verschiebung statt: Es gibt nun mehr Unternehmen, die ESG-Ziele in beide Pläne integrieren, als solche, die ESG-Ziele nur in den STI-Plan aufnehmen.

Im TecDAX zeigt sich wie im Vorjahr eine gegenläufige Entwicklung. Hier integriert der Anteil der Unternehmen mit CSO weniger ESG-Kriterien als der Anteil der Unternehmen ohne CSO auf Vorstandsebene. Auffällig ist, dass der Anteil der Unternehmen mit „keiner Integration" im Vergleich zum Vorjahr von 38 % auf 27 % im Geschäftsjahr 2023 sinkt. Gleichzeitig steigt der Anteil der Unternehmen, die ESG-Ziele in beide Pläne integrieren, von 23 % im Vorjahr auf 33 % im Geschäftsjahr 2023.

Summa Summarum lässt sich festhalten, dass die Tendenz, die Verantwortung für Nachhaltigkeit an ein Vorstandsmitglied zu delegieren, zunimmt, wobei Typ 1 CSOs häufiger vertreten sind als Typ 2. Es gibt verhältnismäßig wenige CSOs, die den offiziellen Titel führen. Über alle Segmente hinweg lässt sich ein positiver Zusammenhang zwischen der Präsenz eines CSO und einer verstärkten ESG-Integration in die Vorstandsvergütung feststellen, mit einer positiven Entwicklung im Vergleich zum Vorjahr. Isoliert betrachtet zeigt der TecDAX allerdings eine gegenläufige Dynamik.

Conclusio der Ergebnisse

6

Zusammenfassung

Dieses Kapitel fasst die Integration von ESG-Kriterien (Environmental, Social, Governance) in die Vergütungsstrukturen der Vorstände von DAX-Unternehmen zusammen. Ziel des Buchs ist es, den aktuellen Stand der ESG-Integration zu bewerten, Unterschiede zwischen den DAX-Segmenten aufzuzeigen und die Rolle des Chief Sustainability Officers (CSO) in diesem Kontext zu beleuchten. Die Studie zeigt, dass es trotz Fortschritten in der ESG-Integration weiterhin Lücken gibt, insbesondere im SDAX und TecDAX. Zudem wird das Fehlen klarer gesetzlicher Vorgaben kritisiert, was zu einer uneinheitlichen Umsetzung führt. Abschließend wird eine strengere Einbindungspflicht von ESG-Zielen in der Vorstandsvergütung gefordert.

Das vorliegende Buch hat zum Ziel, die Integration der ESG-Kriterien in die Vergütungsstrukturen von Vorständen der DAX-Segmentunternehmen zu analysieren. Die Untersuchung soll Aufschluss darüber geben, inwieweit ESG-Kriterien bereits in den Vergütungsmodellen enthalten sind, ob Unterschiede in der Vergütung der Vorstandsmitglieder zwischen den DAX-Segmenten bestehen und welche Rolle der CSO bei der ESG-Integration einnimmt. Die Arbeit schließt mit einer kritischen Würdigung des Autors und einem Ausblick auf zukünftige Entwicklungen.

Ein zentrales Problem ist das Fehlen klarer gesetzlicher Vorgaben zur Einbindung von ESG-Zielen in die Vorstandsvergütung. Die Änderung im ARUG II grenzt erstmals den Begriff der „Nachhaltigkeit“ klar von dem der „Langfristigkeit“ ab. Vor dieser Begriffsdoppelung haben viele Unternehmen den Nachhaltigkeitsbegriff zu ihren Gunsten ausgelegt und mit langfristigen Zielsetzungen gleichgesetzt. Trotz allem macht weder das AktG noch der DCGK in der aktuellen Rechtsprechung konkrete Vorgaben, wie ESG-

P. Zens, C. Heiler, *Nachhaltig führen, nachhaltig belohnen*,
https://doi.org/10.1007/978-3-658-46937-5_6

Ziele in die Vergütungsstrukturen einbezogen werden sollen. Dies führt zu einer heterogenen Umsetzung und mangelnder Vergleichbarkeit von Vergütungssystemen. Die Principal-Agent-Theorie beschreibt die daraus resultierenden Interessenkonflikte, wobei Unternehmen zunehmend unter Druck geraten, ESG-Kriterien einzubinden.

Es lässt sich konstatieren, dass 16 % aller DAX-Segmentunternehmen im Geschäftsjahr 2023 keine ESG-Ziele bei der Vorstandsvergütung berücksichtigen. Dies erscheint erstaunlich, da spätestens mit der Änderung des Aktiengesetzes durch das ARUG II und den Empfehlungen des DCGK den Unternehmen klar sein sollte, dass ESG-Kriterien ein integraler Bestandteil der Vergütungsstruktur sein sollten. Die neue Gesetzeslage ist jedoch nach wie vor auslegungsbedürftig und wird von Unternehmen genutzt, um die Umsetzung von ESG-Zielen zu umgehen. So hat bspw. *Carl Zeiss Meditec* keine ESG-Ziele integriert und versteht unter dem Nachhaltigkeitsbegriff lediglich die langfristige Perspektive der Ziele. Verglichen mit dem Vorjahr zeigt sich jedoch eine positive Dynamik, da 2022 noch 20 % der Unternehmen ESG-Ziele vernachlässigten. Im Zweijahresvergleich tendieren die Unternehmen zunehmend dazu, ESG-Ziele in beide Pläne zu inkludieren, während 2022 die Integration vor allem im STI-Plan erfolgt. Der DAX 40 sticht als Vorreiter hervor, da im Jahr 2023 zum ersten Mal alle Unternehmen ESG-Ziele integriert haben, im Gegensatz zu nur einem Unternehmen im Jahr zuvor. Schlusslicht bildet der SDAX mit den meisten Unternehmen ohne ESG-Ziele und den wenigsten Unternehmen mit Integration in beide Pläne. Auch der TecDAX zeigt Schwächen mit knapp 30 % im Jahr 2022 und 22 % im Jahr 2023 ohne integrierte ESG-Ziele.

Im Hinblick auf die Integrationsmethodik können sowohl im kurz- als auch im langfristigen Vergütungsteil drei Hauptformen identifiziert werden. „Prozentualer Anteil", bei dem die ESG-Ziele mit einem festen Prozentsatz an einen Zielbetrag gekoppelt sind, ist in beiden Plänen und Jahren die vorherrschende Form. Die anderen Methodiken, der „ESG-Multiplikator" und „ESG als Teilziele des Multiplikators", bei denen ein Zu- oder Abschlag nachgelagert erfolgt, spielen eine untergeordnete Rolle, werden aber im STI-Plan häufiger angewendet.

Über alle Segmente hinweg liegt das Verhältnis der ESG-Ziele zu allen genannten Zielen im STI-Plan in beiden Geschäftsjahren bei knapp über 30 %. DAX 40 und SDAX schneiden marginal besser ab als MDAX und TecDAX. Beim LTI-Plan gibt es keine signifikanten Unterschiede zwischen den Segmenten. Im Durchschnitt liegt hier das Verhältnis bei einem eins zu drei. Diese Analyse ist sinnvoll, zeigt aber, dass die tatsächlichen Gewichtungen eine übergeordnete Rolle spielen.

Zur Gewinnung eines realitätsnahen Bildes erfolgt eine Analyse der tatsächlich angegebenen Gewichtungen. Es zeigt sich, dass über alle Segmente hinweg die Gewichtung im STI-Plan in beiden Jahren zwischen 10 % und 20 % liegt und damit deutlich unter dem zuvor ermittelten Anteil. Exemplarisch ist bspw. *Delivery Hero*, welche ihren gesamten STI-Plan an Nachhaltigkeitszielen ausrichtet. Auf der Gegenseite gibt es Unternehmen wie *Elmos Semiconductor*, welche ESG-Ziele nur mit einer untergeordneten Gewichtung von 4 % integrieren. Im LTI-Plan bewegen sich die meisten Gewichtungen in den Geschäftsjahren 2022 und 2023 zwischen 20 % und 30 %, wobei der Durchschnittswert im

Geschäftsjahr 2023 etwas höher liegt als im Jahr 2022. Die Gewichtungen reichen von einem Minimum von 10 % bis zu einem Maximum von 50 %.

Für den STI- und LTI-Plan werden in beiden Jahren die „Under- und Outperformer" hinsichtlich der Gewichtungen dargestellt. Dabei zeigt sich, dass der DAX 40 sowohl im STI-, als auch im LTI-Plan die meisten „Outperformer"-Unternehmen aufweist, während der SDAX in dieser Kategorie weniger häufig vertreten ist. Besonders hervorzuheben sind hier die Unternehmen *BMW* und *Deutsche Telekom*, welche sowohl im STI-Plan mit einer Gewichtung von 25 % bzw. 33,33 %, als auch im LTI-Plan mit einer Gewichtung von je 50 % in beiden Berichtsjahren zu den „Outperformern" gehören. Damit fungieren diese Unternehmen als Vorbilder für andere und sind führend in der Umsetzung von ESG-Integration in der Vorstandsvergütung.

Hinsichtlich der „reinen" ESG-Multiplikatoren dominiert im STI-Plan der Multiplikator „0,8–1,2", gefolgt von Kombinationen wie „0,7–1,3" und „0,9–1,1" bei den Unternehmen des VW-Konzerns. Im LTI-Plan dominieren die Multiplikatoren „0,8–1,2" sowie „0,7–1,3". Auffallend ist, dass kein Unternehmen im SDAX in beiden Berichtsperioden einen reinen ESG-Multiplikator im LTI-Plan verwendet. Im Zweijahresvergleich ist ein leichter Anstieg der Unternehmen zu verzeichnen, die diese Vergütungsform nutzen.

Bei den Unternehmen, die ESG-Ziele neben anderen Zielen in einem Multiplikator angeben, lässt sich konstatieren, dass diese Form eine der intransparentesten Methoden ist. In den meisten Fällen wird keine Gewichtung der Ziele innerhalb des Multiplikators angegeben, sodass unklar bleibt, wie der Endwert zustande kommt. Im STI-Plan dominiert in beiden Berichtszeiträumen eindeutig der Multiplikator „0,8–1,2".

Außerdem zeigt sich, dass trotz eines neuen Vergütungssystems inklusive ESG-Zielen nicht alle Vorstandsmitglieder davon betroffen sein müssen. Grund hierfür ist die Übergangsvorschrift § 26j Abs. 1 S. 3 EG AktG i. V. m. § 87a Abs. 2 S. 2 AktG, die den Unternehmen ein Wahlrecht einräumt, Vorstandsmitglieder nach bereits bestehenden Vergütungssystemen zu vergüten, sofern deren Dienstverträge vor der Hauptversammlung 2021 abgeschlossen oder verlängert wurden. Das gemäß ARUG II zu billigende Vergütungssystem gilt somit nur für neue oder verlängerte Verträge ab diesem Zeitpunkt. Die Untersuchung hat ergeben, dass von den Unternehmen, die ESG-Ziele in die Vorstandsvergütung integrieren, 20 % ihre Vorstandsmitglieder im Geschäftsjahr 2022 und 13 % im Geschäftsjahr 2023 nur teilweise oder gar nicht nach dem aktuellen System vergüten. Dies stellt einen erheblichen Anteil dar, weshalb die Gültigkeit der Vergütungssysteme für alle Vorstandsmitglieder berücksichtigt werden sollte. Bei den Unternehmen *United Internet* und *1&1* wurde bspw. keines der aktiven Vorstandsmitglieder gemäß dem aktuellen System vergütet. Eine vorbildliche Einbindung von ESG-Zielen ist nur dann sinnvoll, wenn sie tatsächlich alle Vorstandsmitglieder betrifft.

Bei der Einordnung der ESG-Ziele in die Kategorien „E", „S", „G" und „ESG" sowie der Erstellung eines Rankings ist erkennbar, dass im STI-Plan in beiden Jahren die sozialen Ziele dominieren, gefolgt von den Umweltzielen. „Mitarbeiterzufriedenheit" liegt in beiden Jahren auf Platz eins, „Reduktion der CO_2-Emissionen" auf Platz zwei und „Kundenzufriedenheit" auf Platz drei. Im LTI-Plan hingegen dominieren die Umweltziele, gefolgt von den sozialen Zielen. Hier liegt „Reduktion der CO_2-Emissionen" auf Platz eins, „Erhöhung des Frauenanteils im Management" auf Platz zwei und „Kundenzufriedenheit" auf Platz drei. „Governance"-Ziele spielen in beiden Plänen und Berichtsjahren eine untergeordnete Rolle. Fragwürdig ist, dass das Ziel „Kundenzufriedenheit" in beiden Plänen zu den drei am häufigsten genannten Zielen gehört. Obwohl dieses Ziel in der Fachliteratur dem Bereich „S" zugeordnet wird und es grundsätzlich zur nachhaltigen Unternehmensentwicklung beiträgt, könnte es zu Interessenskonflikten führen, bei denen kurzfristiger Kundennutzen langfristigen ESG-Zielen entgegensteht. Einzelne Ziele sind entweder vage formuliert oder sollten eher dem strategischen Bereich zugeordnet werden, wie z.B. das Nachhaltigkeitsziel „Mitarbeiterdenwachstum" von *adesso* oder das vage formulierte Ziel von *Pfeiffer Vacuum Technology* „Erarbeitung und Vorschlag einer CSR-Strategie". Die Auswahl der Ziele hängt maßgeblich von der Ausrichtung der Geschäftstätigkeit eines Unternehmens ab. Beispielsweise wird ein Unternehmen, das im Sektor für erneuerbare Energien tätig ist, seine Zielsetzungen auf die Förderung von nachhaltigen Energiequellen und die Maximierung der Energieeffizienz ausrichten. Konkrete ESG-Ziele könnten hier die Reduzierung der CO_2-Emissionen pro erzeugter Kilowattstunde oder die Entwicklung innovativer Technologien zur Speicherung von Energie umfassen. Daher liegt der Fokus nicht auf den ökologischen Zielsetzungen selbst, sondern vielmehr auf den sozialen und unternehmensführungsspezifischen Zielen. Im Gegensatz dazu wird ein Unternehmen aus der Produktionsbranche Ziele definieren, die auf die Minimierung von Umweltbelastungen abzielen, wie die Einführung ressourcenschonender Produktionsmethoden oder die Reduzierung von Abfall respektive Umweltschadstoffen. Ein Beispiel wäre die Umstellung auf recycelbare Verpackungsmaterialien oder die Implementierung von Kreislaufwirtschaftsmodellen, um Rohstoffabfälle zu reduzieren.

Bei der Frage nach der Rolle des CSOs auf Vorstandsebene und einem möglichen Zusammenhang mit der ESG-Integration wird deutlich, dass viele Unternehmen zwar einen CSO beschäftigen, dieser aber nicht Mitglied des Vorstands ist. CSOs auf Vorstandsebene werden in Anlehnung an die Vorgängerstudie von PwC als „CSOs with impact" klassifiziert. Von den 130 analysierten Unternehmen können im Geschäftsjahr 2022 78 Unternehmen und im Geschäftsjahr 2023 82 Unternehmen identifiziert werden. Diese werden in Typ 1 (CEO = CSO) und Typ 2 (anderes Vorstandsmitglied = CSO) eingeordnet. Typ 1 dominiert in beiden Jahren, insb. im Geschäftsjahr 2022. Nur ein geringer Teil der Vorstandsmitglieder, die die Hauptverantwortung für den Bereich ESG (bzw. Sustainability oder Nachhaltigkeit) innehaben, trägt den Titel „CSO", wobei es im Geschäftsjahr 2022 acht und im Jahr 2023 neun sind. Es kann ein positiver Zusammenhang zwischen dem Vorhandensein eines „CSO mit impact" und der verstärkten Integration von ESG-Zielen festgestellt werden. Unternehmen mit einem CSO auf Vorstandsebene integrieren in beiden Geschäftsjahren mehr ESG-Ziele und häufiger in beide Pläne als Unternehmen ohne CSO auf Vorstandsebene. Dieses Bild kann in allen Segmenten mit Ausnahme des TecDAX bestätigt werden. Hier zeigen Unternehmen ohne „CSO with impact" eine verstärkte ESG-Integration.

Summa Summarum lässt sich feststellen, dass die Integration von ESG-Kriterien in die Vergütungsstrukturen der DAX-Segmentunternehmen Fortschritte macht, jedoch noch große Lücken, insb. bei den SDAX und TecDAX-Unternehmen, bestehen.

Vor dem Hintergrund des Mangels einer Legaldefinition des Nachhaltigkeitsbegriffs und dessen Bestandteilen resultiert realiter – insbesondere mit Blick auf die verschiedenen Formen der ESG-Integration – die Problematik einer nur begrenzten unternehmensübergreifenden Vergleichbarkeit. Die Rolle des CSOs ist ebenfalls noch nicht in allen Unternehmen etabliert, was weiteren Handlungsbedarf aufzeigt. Trotz dieser Herausforderungen ist im Zweijahresvergleich eine deutliche Verbesserung erkennbar. Bei fortgesetzter Entwicklung kann dies zu einer vollständigen ESG-Integration führen.

Aus Sicht der Autorenschaft sollte der Gesetzgeber in Zukunft eine restriktive Einbeziehungspflicht von ESG-Zielen mit einer Mindestgewichtung (z. B. 10 %) einführen und die Berücksichtigung von ESG-Aspekten in der Vorstandsvergütung verpflichtend machen, was durch eine Klarstellung in § 87 Abs. 1 S. 2 AktG erreicht werden könnte. Ohne eine Incentivierung auf Vorstandsebene könnte es dem Management gleichgültig sein, ob das Unternehmen die ESG-Ziele erreicht oder nicht. Diese regulatorische Maßnahme würde sicherstellen, dass Unternehmen verstärkt auf Nachhaltigkeit und langfristige Ziele hinarbeiten, was letztlich zu einer nachhaltigeren und verantwortungsbewussteren Wirtschaft führen würde. Im Ausblick ist der zunehmende Druck durch „Sustainable Shareholder Activism“ hervorzuheben. Der Trend zu nachhaltigen Investments wird auch im Bereich der Privatanleger an Bedeutung gewinnen, und im Zusammenhang mit dem „Say-on-pay“-Konzept wird der Fokus vermehrt auf die Vorstandsvergütung und deren ESG-Integration gerichtet sein.

Abschließender Praxisbezug

In den letzten Jahren haben sich ESG-Themen (Umwelt, Soziales und Unternehmensführung) als wesentliche Faktoren für die Unternehmensführung und -strategie etabliert. Obwohl rechtliche Rahmenbedingungen wie das VorstAG und das ARUG II bestehen, gibt es keine gesetzliche Verpflichtung, ESG-Kriterien in die Vorstandsvergütung zu integrieren. Dennoch zeigt sich eine zunehmende freiwillige Einbindung dieser Kriterien durch Unternehmen. Die Art und Weise, wie Unternehmen ESG-Kriterien in ihre Vergütungssysteme einfließen lassen, ist jedoch sehr unterschiedlich. Dies erschwert die Vergleichbarkeit zwischen Unternehmen und macht es schwierig, einheitliche Standards zu formulieren. ESG-Ziele werden häufiger in langfristige als in kurzfristige Vergütungssysteme integriert, was darauf hinweist, dass Unternehmen eine langfristige Perspektive in Bezug auf Nachhaltigkeit und gesellschaftliche Verantwortung einnehmen. Besonders im Vordergrund stehen dabei ökologische Ziele, während Governance-Ziele tendenziell eine geringere Priorität haben. Dies deutet auf eine stärkere öffentliche und unternehmerische Fokussierung auf Umweltthemen hin. Vergleicht man die Entwicklung der letzten zwei Jahre, zeigt sich eine deutliche Verbesserung in der Einbindung von ESG-Kriterien in die Vergütungssysteme der Unternehmen. Dies ist ein Zeichen für die wachsende Bedeutung, die Nachhaltigkeit in der Unternehmenswelt einnimmt.

Abschließender Nutzen

Durch die Integration von ESG-Kriterien in die Vorstandsvergütung können Unternehmen ihre strategische Planung auf eine langfristige Ausrichtung hin stärken und so Wettbewerbsvorteile erzielen. Dies führt nicht nur zu einer verbesserten Unternehmensausrichtung, sondern sendet auch ein starkes Signal an Investoren, Mitarbeiter und die Öffentlichkeit. Die Einbindung von ESG-Zielen in Vergütungssysteme verdeutlicht das Bekenntnis zu nachhaltigem Wirtschaften, was das Vertrauen in das Unternehmen stärkt und dessen Reputation verbessert. Besonders im Finanzsektor, wie bei Banken, wirkt sich dies positiv auf die Kreditkonditionen aus – ein Aspekt, der in den kommenden Jahren immer wichtiger wird. Unternehmen, die ESG-Kriterien frühzeitig in ihre Vergütungssysteme integrieren, sind außerdem besser auf zukünftige regulatorische Entwicklungen vorbereitet. Sie können flexibel auf neue gesetzliche Anforderungen reagieren und erforderliche Anpassungen rechtzeitig vornehmen. Die Verknüpfung von ESG-Zielen mit der Vergütung fördert zudem die Motivation von Führungskräften, nachhaltige Maßnahmen zu ergreifen und diese fest in der Unternehmensstrategie zu verankern. Dies geht Hand in Hand mit den steigenden Anforderungen des Marktes, da Investoren vermehrt auf nachhaltige Investitionen setzen und gesellschaftliche Erwartungen sowie regulatorische Auflagen stärker in den Fokus rücken. Letztlich trägt die Berücksichtigung von Nachhaltigkeit langfristig zur Steigerung des Unternehmenswertes bei, da ESG-Kriterien zunehmend als entscheidende Faktoren für Erfolg und Risikoabwägung anerkannt werden.

Geschäftsberichte

Unternehmen	Publikation	Geschäftsjahr
1+1 AG	Geschäfts- und Vergütungsbericht	2022–2023
Adesso SE	Geschäfts- und Vergütungsbericht	2022–2023
Adidas AG	Geschäfts- und Vergütungsbericht	2022–2023
Adtran Networks SE	Geschäfts- und Vergütungsbericht	2022–2023
Aixtron SE	Geschäfts- und Vergütungsbericht	2022–2023
Amadeus FiRe AG	Geschäfts- und Vergütungsbericht	2022–2023
ATOSS Software AG	Geschäfts- und Vergütungsbericht	2022–2023
Aurubis AG	Geschäfts- und Vergütungsbericht	2021/22–2022/23
AUTO1 Group SE	Geschäfts- und Vergütungsbericht	2022–2023
BASF SE	Geschäfts- und Vergütungsbericht	2022–2023
Bayer AG	Geschäfts- und Vergütungsbericht	2022–2023
Bayerische Motoren Werke AG	Geschäfts- und Vergütungsbericht	2022–2023
BayWa AG	Geschäfts- und Vergütungsbericht	2022–2023
Bechtle AG	Geschäfts- und Vergütungsbericht	2022–2023
Beiersdorf AG	Geschäfts- und Vergütungsbericht	2022–2023
Bilfinger SE	Geschäfts- und Vergütungsbericht	2022–2023
Brenntag AG	Geschäfts- und Vergütungsbericht	2022–2023
Cancom SE	Geschäfts- und Vergütungsbericht	2022–2023
Carl Zeiss Meditec AG	Geschäfts- und Vergütungsbericht	2021/22–2022/23
Ceconomy AG	Geschäfts- und Vergütungsbericht	2021/22–2022/23
CeWe Stiftung & Co. KGaA	Geschäfts- und Vergütungsbericht	2022–2023
CompuGroup Medical SE & Co.KGaA	Geschäfts- und Vergütungsbericht	2022–2023
Continental AG	Geschäfts- und Vergütungsbericht	2022–2023
Covestro AG	Geschäfts- und Vergütungsbericht	2022–2023
CTS Eventim AG & Co. KGaA	Geschäfts- und Vergütungsbericht	2022–2023
Daimler Truck Holding AG	Geschäfts- und Vergütungsbericht	2022–2023
Delivery Hero SE	Geschäfts- und Vergütungsbericht	2022–2023
Dermapharm Holding SE	Geschäfts- und Vergütungsbericht	2022–2023
Deutsche Post AG	Geschäfts- und Vergütungsbericht	2022–2023

P. Zens, C. Heiler, *Nachhaltig führen, nachhaltig belohnen*,
https://doi.org/10.1007/978-3-658-46937-5

Unternehmen	Publikation	Geschäftsjahr
Deutsche Telekom AG	Geschäfts- und Vergütungsbericht	2022–2023
Deutsche Wohnen SE	Geschäfts- und Vergütungsbericht	2022–2023
Deutz AG	Geschäfts- und Vergütungsbericht	2022–2023
Dr. Ing. h.c. F. Porsche AG	Geschäfts- und Vergütungsbericht	2022–2023
Drägerwerk AG & Co. KGaA	Geschäfts- und Vergütungsbericht	2022–2023
Dürr AG	Geschäfts- und Vergütungsbericht	2022–2023
E.ON SE	Geschäfts- und Vergütungsbericht	2022–2023
Eckert + Ziegler AG	Geschäfts- und Vergütungsbericht	2022–2023
Elmos Semiconductor SE	Geschäfts- und Vergütungsbericht	2022–2023
Encavis AG	Geschäfts- und Vergütungsbericht	2022–2023
Energiekontor AG	Geschäfts- und Vergütungsbericht	2022–2023
Evonik Industries AG	Geschäfts- und Vergütungsbericht	2022–2023
Evotec SE	Geschäfts- und Vergütungsbericht	2022–2023
Fielmann Group AG	Geschäfts- und Vergütungsbericht	2022–2023
Fraport AG	Geschäfts- und Vergütungsbericht	2022–2023
Freenet AG	Geschäfts- und Vergütungsbericht	2022–2023
Fresenius Medical Care AG	Geschäfts- und Vergütungsbericht	2022–2023
Fresenius SE & Co. KGaA	Geschäfts- und Vergütungsbericht	2022–2023
Fuchs SE	Geschäfts- und Vergütungsbericht	2022–2023
GEA Group AG	Geschäfts- und Vergütungsbericht	2022–2023
Gerresheimer AG	Geschäfts- und Vergütungsbericht	2021/22–2022/23
GFT Technologies SE	Geschäfts- und Vergütungsbericht	2022–2023
Hamborner REIT AG	Geschäfts- und Vergütungsbericht	2022–2023
Heidelberg Materials AG	Geschäfts- und Vergütungsbericht	2022–2023
Heidelberger Druckmaschinen AG	Geschäfts- und Vergütungsbericht	2021/22–2022/23
HELLA GmbH & Co. KGaA	Geschäfts- und Vergütungsbericht	2022–2023
HelloFresh SE	Geschäfts- und Vergütungsbericht	2022–2023
Henkel AG & Co. KGaA	Geschäfts- und Vergütungsbericht	2022–2023
Hensoldt AG	Geschäfts- und Vergütungsbericht	2022–2023
Hochtief AG	Geschäfts- und Vergütungsbericht	2022–2023
HORNBACH Holding AG & Co. KGaA	Geschäfts- und Vergütungsbericht	2022/23–2023/24
Hugo Boss AG	Geschäfts- und Vergütungsbericht	2022–2023
INDUS Holding AG	Geschäfts- und Vergütungsbericht	2022–2023
Infineon Technologies AG	Geschäfts- und Vergütungsbericht	2021/22–2022/23
Jenoptik AG	Geschäfts- und Vergütungsbericht	2022–2023
JOST Werke SE	Geschäfts- und Vergütungsbericht	2022–2023
Jungheinrich AG	Geschäfts- und Vergütungsbericht	2022–2023
K+S AG	Geschäfts- und Vergütungsbericht	2022–2023
Kion Group AG	Geschäfts- und Vergütungsbericht	2022–2023
Klöckner & Co. SE	Geschäfts- und Vergütungsbericht	2022–2023
Knorr-Bremse AG	Geschäfts- und Vergütungsbericht	2022–2023
Krones AG	Geschäfts- und Vergütungsbericht	2022–2023
KSB SE & Co. KGaA	Geschäfts- und Vergütungsbericht	2022–2023
KWS Saat SE & Co. KGaA	Geschäfts- und Vergütungsbericht	2021/22–2022/23

Unternehmen	Publikation	Geschäftsjahr
Lanxess AG	Geschäfts- und Vergütungsbericht	2022–2023
LEG Immobilien SE	Geschäfts- und Vergütungsbericht	2022–2023
Lufthansa AG	Geschäfts- und Vergütungsbericht	2022–2023
Mercedes-Benz Group AG	Geschäfts- und Vergütungsbericht	2022–2023
Merck KGaA	Geschäfts- und Vergütungsbericht	2022–2023
Metro AG	Geschäfts- und Vergütungsbericht	2021/22–2022/23
MorphoSys AG	Geschäfts- und Vergütungsbericht	2022–2023
MTU Aero Engines AG	Geschäfts- und Vergütungsbericht	2022–2023
Nagarro SE	Geschäfts- und Vergütungsbericht	2022–2023
Nemetschek SE	Geschäfts- und Vergütungsbericht	2022–2023
Nordex SE	Geschäfts- und Vergütungsbericht	2022–2023
NORMA Group SE	Geschäfts- und Vergütungsbericht	2022–2023
PATRIZIA SE	Geschäfts- und Vergütungsbericht	2022–2023
Pfeiffer Vacuum Technology AG	Geschäfts- und Vergütungsbericht	2022–2023
PNE AG	Geschäfts- und Vergütungsbericht	2022–2023
Porsche Automobil Holding SE	Geschäfts- und Vergütungsbericht	2022–2023
ProSiebenSat.1 Media SE	Geschäfts- und Vergütungsbericht	2022–2023
Puma SE	Geschäfts- und Vergütungsbericht	2022–2023
PVA TePla AG	Geschäfts- und Vergütungsbericht	2022–2023
Rational AG	Geschäfts- und Vergütungsbericht	2022–2023
Rheinmetall AG	Geschäfts- und Vergütungsbericht	2022–2023
RWE AG	Geschäfts- und Vergütungsbericht	2022–2023
SAF-Holland SE	Geschäfts- und Vergütungsbericht	2022–2023
Salzgitter AG	Geschäfts- und Vergütungsbericht	2022–2023
SAP SE	Geschäfts- und Vergütungsbericht	2022–2023
Sartorius AG	Geschäfts- und Vergütungsbericht	2022–2023
Schaeffler AG	Geschäfts- und Vergütungsbericht	2022–2023
Scout24 SE	Geschäfts- und Vergütungsbericht	2022–2023
SFC Energy AG	Geschäfts- und Vergütungsbericht	2022–2023
SGL Carbon SE	Geschäfts- und Vergütungsbericht	2022–2023
Siemens AG	Geschäfts- und Vergütungsbericht	2021/22–2022/23
Siemens Energy AG	Geschäfts- und Vergütungsbericht	2021/22–2022/23
Siemens Healthineers AG	Geschäfts- und Vergütungsbericht	2021/22–2022/23
Siltronic AG	Geschäfts- und Vergütungsbericht	2022–2023
Sixt SE	Geschäfts- und Vergütungsbericht	2022–2023
SMA Solar Technology AG	Geschäfts- und Vergütungsbericht	2022–2023
Stabilus SE	Geschäfts- und Vergütungsbericht	2021/22–2022/23
Stratec SE	Geschäfts- und Vergütungsbericht	2022–2023
Ströer SE & Co. KGaA	Geschäfts- und Vergütungsbericht	2022–2023
Südzucker AG	Geschäfts- und Vergütungsbericht	2022/23–2023/24
Süss Microtec SE	Geschäfts- und Vergütungsbericht	2022–2023
Symrise AG	Geschäfts- und Vergütungsbericht	2022–2023
SYNLAB AG	Geschäfts- und Vergütungsbericht	2022–2023
TAG Immobilien AG	Geschäfts- und Vergütungsbericht	2022–2023

Unternehmen	Publikation	Geschäftsjahr
TAKKT AG	Geschäfts- und Vergütungsbericht	2022–2023
Teamviewer SE	Geschäfts- und Vergütungsbericht	2022–2023
ThyssenKrupp AG	Geschäfts- und Vergütungsbericht	2021/22–2022/23
Traton SE	Geschäfts- und Vergütungsbericht	2022–2023
United Internet AG	Geschäfts- und Vergütungsbericht	2022–2023
Verbio SE	Geschäfts- und Vergütungsbericht	2021/22–2022/23
Vitesco Technologies Group AG	Geschäfts- und Vergütungsbericht	2022–2023
Volkswagen AG	Geschäfts- und Vergütungsbericht	2022–2023
Vonovia SE	Geschäfts- und Vergütungsbericht	2022–2023
Vossloh AG	Geschäfts- und Vergütungsbericht	2022–2023
Wacker Chemie AG	Geschäfts- und Vergütungsbericht	2022–2023
Wacker Neuson SE	Geschäfts- und Vergütungsbericht	2022–2023
Zalando SE	Geschäfts- und Vergütungsbericht	2022–2023

Appendix A

ESG-Kriterien

Quelle: Eigene Darstellung in Anlehnung an Kreutzer (2023), S. 23, Straube (2024), S. 10–14

P. Zens, C. Heiler, *Nachhaltig führen, nachhaltig belohnen*,
https://doi.org/10.1007/978-3-658-46937-5

Appendix B

Synopse der Unternehmen ohne ESG-Integration in der Vorstandsvergütung

P. Zens, C. Heiler, *Nachhaltig führen, nachhaltig belohnen*,
https://doi.org/10.1007/978-3-658-46937-5

Keine ESG-Integration 2022 (n=26)	**Keine ESG-Integration 2023 (n=20)**
Dr. Ing. h.c. F. Porsche AG [DAX 40]	
Carl Zeiss Meditec AG* [MDAX]	Carl Zeiss Meditec AG* [MDAX]
CTS Eventim AG & Co. KGaA [MDAX]	CTS Eventim AG & Co. KGaA [MDAX]
Nemetschek SE* [MDAX]	Nemetschek SE* [MDAX]
Sixt SE [MDAX]	Sixt SE [MDAX]
Stabilus SE [MDAX]	
Ströer SE & Co. KGaA [MDAX]	Ströer SE & Co. KGaA [MDAX]
	Adtran Networks SE [SDAX]
Amadeus FiRe AG [SDAX]	Amadeus FiRe AG [SDAX]
AUTO1 Group SE [SDAX]	AUTO1 Group SE [SDAX]
BayWa AG [SDAX]	
Cancom SE* [SDAX]	
CeWe Stiftung & Co. KGaA [SDAX]	CeWe Stiftung & Co. KGaA [SDAX]
CompuGroup Medical SE & Co.KGaA* [SDAX]	
Dermapharm Holding SE [SDAX]	Dermapharm Holding SE [SDAX]
Drägerwerk AG & Co. KGaA [SDAX]	Drägerwerk AG & Co. KGaA [SDAX]
Eckert + Ziegler AG [SDAX]	Eckert + Ziegler AG [SDAX]
Energiekontor AG* [SDAX]	Energiekontor AG* [SDAX]
Heidelberger Druckmaschinen AG [SDAX]	
KWS Saat SE & Co. KGaA [SDAX]	KWS Saat SE & Co. KGaA [SDAX]
Nagarro SE* [SDAX]	Nagarro SE* [SDAX]
PNE AG* [SDAX]	PNE AG* [SDAX]
PVA TePla AG [SDAX]	
Stratec SE [SDAX]	Stratec SE [SDAX]
TAKKT AG [SDAX]	TAKKT AG [SDAX]
Verbio SE* [SDAX]	Verbio SE* [SDAX]
Vossloh AG [SDAX]	Vossloh AG [SDAX]
*) ebenfalls im TecDAX gelistet	

Quelle: Eigene Darstellung

Appendix C

ESG-Integration im Geschäftsjahr 2022 (n = 104)

P. Zens, C. Heiler, *Nachhaltig führen, nachhaltig belohnen*,
https://doi.org/10.1007/978-3-658-46937-5

Unternehmen	Segment	STI-Plan	LTI-Plan	STI + LTI-Plan
Adidas AG	DAX 40			x
BASF SE	DAX 40			x
Bayerische Motoren Werke AG	DAX 40			x
Bayer AG	DAX 40			x
Beiersdorf AG	DAX 40			x
Brenntag AG	DAX 40	x		
Continental AG	DAX 40		x	
Covestro AG	DAX 40			x
Daimler Truck Holding AG	DAX 40	x		
Deutsche Post AG	DAX 40	x		
Deutsche Telekom AG	DAX 40/TecDAX			x
E.ON SE	DAX 40			x
Fresenius SE & Co. KGaA	DAX 40	x		
Heidelberg Materials AG	DAX 40	x		
Henkel AG & Co. KGaA	DAX 40	x		
Infineon Technologies AG	DAX 40/TecDAX		x	
Mercedes-Benz Group AG	DAX 40	x		
Merck KGaA	DAX 40			x
MTU Aero Engines AG	DAX 40	x		
Porsche Automobil Holding SE	DAX 40	x		
Rheinmetall AG	DAX 40			x
RWE AG	DAX 40			x
SAP SE	DAX 40/TecDAX	x		
Sartorius AG	DAX 40/TecDAX			x
Siemens AG	DAX 40			x
Siemens Energy AG	DAX 40			x
Siemens Healthineers AG	DAX 40/TecDAX			x
Symrise AG	DAX 40			x
Volkswagen AG	DAX 40	x		
Vonovia SE	DAX 40		x	
Zalando SE	DAX 40		x	
Aixtron SE	MDAX/TecDAX		x	
Aurubis AG	MDAX	x		
Bechtle AG	MDAX/TecDAX	x		
Delivery Hero SE	MDAX	x		
Encavis AG	MDAX	x		
Evonik Industries AG	MDAX	x		
Evotec SE	MDAX/TecDAX	x		
Fraport AG	MDAX	x		
Freenet AG	MDAX/TecDAX			x
Fresenius Medical Care AG	MDAX	x		
Fuchs SE	MDAX			x
GEA Group AG	MDAX			x
Gerresheimer AG	MDAX	x		
HELLA GmbH & Co. KGaA	MDAX	x		
HelloFresh SE	MDAX		x	
Hensoldt AG	MDAX/TecDAX		x	

Hochtief AG	MDAX	x		
Hugo Boss AG	MDAX		x	
Jenoptik AG	MDAX/TecDAX	x		
Jungheinrich AG	MDAX			x
K+S AG	MDAX			x
Kion Group AG	MDAX			x
Knorr-Bremse AG	MDAX	x		
Krones AG	MDAX		x	
Lanxess AG	MDAX			x
LEG Immobilien SE	MDAX			x
Lufthansa AG	MDAX			x
Nordex SE	MDAX/TecDAX			x
Puma SE	MDAX	x		
Rational AG	MDAX		x	
Scout24 SE	MDAX	x		
Siltronic AG	MDAX/TecDAX	x		
SMA Solar Technology AG	MDAX/TecDAX			x
TAG Immobilien AG	MDAX	x		
Teamviewer SE	MDAX/TecDAX			x
ThyssenKrupp AG	MDAX		x	
United Internet AG	MDAX/TecDAX	x		
Vitesco Technologies Group AG	MDAX		x	
Wacker Chemie AG	MDAX		x	
1+1 AG	SDAX	x		
Adesso SE	SDAX	x		
Adtran Networks SE	SDAX	x		
ATOSS Software AG	SDAX/TecDAX	x		
Bilfinger SE	SDAX	x		
Ceconomy AG	SDAX		x	
Deutsche Wohnen SE	SDAX	x		
Deutz AG	SDAX	x		
Dürr AG	SDAX	x		
Elmos Semiconductor SE	SDAX	x		
Fielmann Group AG	SDAX			x
GFT Technologies SE	SDAX	x		
Hamborner REIT AG	SDAX	x		
HORNBACH Holding AG & Co. KGaA	SDAX	x		
INDUS Holding AG	SDAX	x		
JOST Werke SE	SDAX	x		
Klöckner & Co. SE	SDAX	x		
KSB SE & Co. KGaA	SDAX		x	
Metro AG	SDAX	x		
MorphoSys AG	SDAX/TecDAX		x	
NORMA Group SE	SDAX		x	
PATRIZIA SE	SDAX	x		
Pfeiffer Vacuum Technology AG	SDAX			x
ProSiebenSat.1 Media SE	SDAX	x		

SAF-Holland SE	SDAX			x
Salzgitter AG	SDAX			x
Schaeffler AG	SDAX			x
SFC Energy AG	SDAX	x		
SGL Carbon SE	SDAX	x		
Südzucker AG	SDAX	x		
Süss Microtec SE	SDAX			x
SYNLAB AG	SDAX	x		
Traton SE	SDAX	x		
Wacker Neuson SE	SDAX	x		

Quelle: Eigene Darstellung

Appendix D

ESG-Integration im Geschäftsjahr 2023 (n = 110)

P. Zens, C. Heiler, *Nachhaltig führen, nachhaltig belohnen*,
https://doi.org/10.1007/978-3-658-46937-5

Unternehmen	Segment	STI-Plan	LTI-Plan	STI + LTI-Plan
Adidas AG	DAX 40			x
BASF SE	DAX 40			x
Bayerische Motoren Werke AG	DAX 40			x
Bayer AG	DAX 40			x
Beiersdorf AG	DAX 40			x
Brenntag AG	DAX 40			x
Continental AG	DAX 40		x	
Covestro AG	DAX 40			x
Daimler Truck Holding AG	DAX 40			x
Deutsche Post AG	DAX 40	x		
Dr. Ing. h.c. F. Porsche AG	DAX 40	x		
Deutsche Telekom AG	DAX 40/TecDAX			x
E.ON SE	DAX 40			x
Fresenius SE & Co. KGaA	DAX 40			x
Heidelberg Materials AG	DAX 40	x		
Henkel AG & Co. KGaA	DAX 40			x
Infineon Technologies AG	DAX 40/TecDAX		x	
Mercedes-Benz Group AG	DAX 40			x
Merck KGaA	DAX 40			x
MTU Aero Engines AG	DAX 40	x		
Porsche Automobil Holding SE	DAX 40	x		
Rheinmetall AG	DAX 40			x
RWE AG	DAX 40			x
SAP SE	DAX 40/TecDAX	x		
Sartorius AG	DAX 40/TecDAX			x
Siemens AG	DAX 40			x
Siemens Energy AG	DAX 40			x
Siemens Healthineers AG	DAX 40/TecDAX			x
Symrise AG	DAX 40			x
Volkswagen AG	DAX 40	x		
Vonovia SE	DAX 40		x	
Zalando SE	DAX 40		x	
Aixtron SE	MDAX/TecDAX		x	
Aurubis AG	MDAX	x		
Bechtle AG	MDAX/TecDAX	x		
Delivery Hero SE	MDAX	x		
Encavis AG	MDAX	x		
Evonik Industries AG	MDAX			x
Evotec SE	MDAX/TecDAX			x
Fraport AG	MDAX	x		
Freenet AG	MDAX/TecDAX			x
Fresenius Medical Care AG	MDAX	x		
Fuchs SE	MDAX			x
GEA Group AG	MDAX			x
Gerresheimer AG	MDAX	x		

HELLA GmbH & Co. KGaA	MDAX			x
HelloFresh SE	MDAX		x	
Hensoldt AG	MDAX/TecDAX		x	
Hochtief AG	MDAX	x		
Hugo Boss AG	MDAX		x	
Jenoptik AG	MDAX/TecDAX			x
Jungheinrich AG	MDAX			x
K+S AG	MDAX		x	
Kion Group AG	MDAX			x
Knorr-Bremse AG	MDAX	x		
Krones AG	MDAX		x	
Lanxess AG	MDAX			x
LEG Immobilien SE	MDAX			x
Lufthansa AG	MDAX			x
Nordex SE	MDAX/TecDAX			x
Puma SE	MDAX	x		
Rational AG	MDAX		x	
Scout24 SE	MDAX	x		
Siltronic AG	MDAX/TecDAX	x		
SMA Solar Technology AG	MDAX/TecDAX			x
Stabilus SE	MDAX		x	
TAG Immobilien AG	MDAX			x
Teamviewer SE	MDAX/TecDAX			x
ThyssenKrupp AG	MDAX		x	
United Internet AG	MDAX/TecDAX	x		
Vitesco Technologies Group AG	MDAX		x	
Wacker Chemie AG	MDAX		x	
1+1 AG	SDAX/TecDAX	x		
Adesso SE	SDAX	x		
ATOSS Software AG	MDAX/TecDAX	x		
BayWa AG	SDAX	x		
Bilfinger SE	SDAX	x		
Cancom SE	SDAX/TecDAX	x		
Ceconomy AG	SDAX			x
CompuGroup Medical SE & Co.KGaA	SDAX/TecDAX	x		
Deutsche Wohnen SE	SDAX		x	
Deutz AG	SDAX	x		
Dürr AG	SDAX			x
Elmos Semiconductor SE	SDAX	x		
Fielmann Group AG	SDAX			x
GFT Technologies SE	SDAX	x		
Hamborner REIT AG	SDAX	x		
Heidelberger Druckmaschinen AG	SDAX			x
HORNBACH Holding AG & Co. KGaA	SDAX			x
INDUS Holding AG	SDAX	x		
JOST Werke SE	SDAX	x		

Klöckner & Co. SE	SDAX	x		
KSB SE & Co. KGaA	SDAX		x	
Metro AG	SDAX			x
MorphoSys AG	SDAX/TecDAX		x	
NORMA Group SE	SDAX		x	
PATRIZIA SE	SDAX	x		
Pfeiffer Vacuum Technology AG	SDAX			x
ProSiebenSat.1 Media SE	SDAX	x		
PVA TePla AG	SDAX	x		
SAF-Holland SE	SDAX			x
Salzgitter AG	SDAX			x
Schaeffler AG	SDAX			x
SFC Energy AG	SDAX	x		
SGL Carbon SE	SDAX	x		
Südzucker AG	SDAX		x	
Süss Microtec SE	SDAX			x
SYNLAB AG	SDAX	x		
Traton SE	SDAX	x		
Wacker Neuson SE	SDAX	x		

Quelle: Eigene Darstellung

Appendix E

Gewichtungen der ESG-Ziele im STI-Plan 2022 (n = 51)

P. Zens, C. Heiler, *Nachhaltig führen, nachhaltig belohnen*,
https://doi.org/10.1007/978-3-658-46937-5

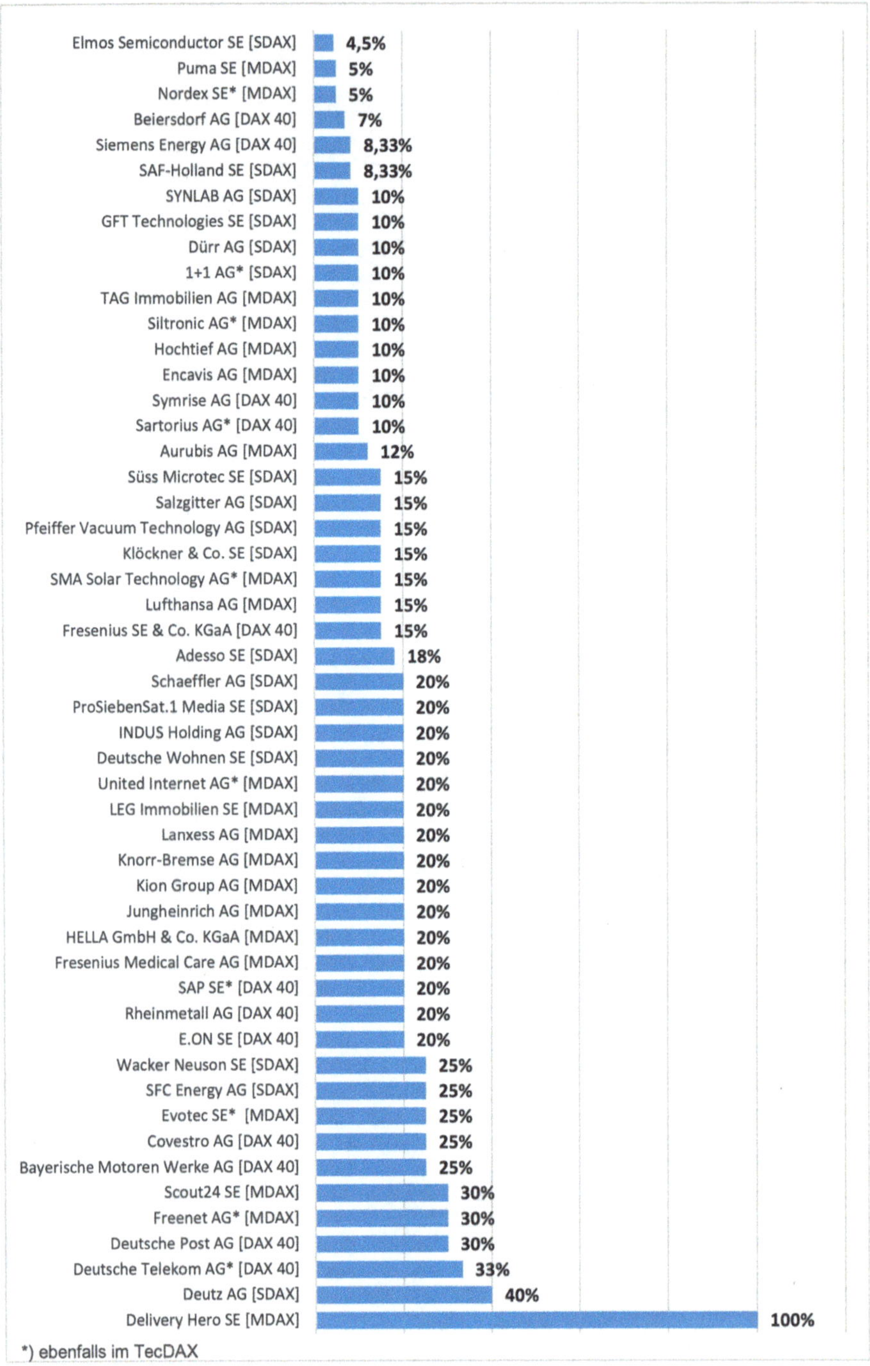

Quelle: Eigene Darstellung

Appendix F

Gewichtungen der ESG-Ziele im STI-Plan 2023 (n = 58)

P. Zens, C. Heiler, *Nachhaltig führen, nachhaltig belohnen*,
https://doi.org/10.1007/978-3-658-46937-5

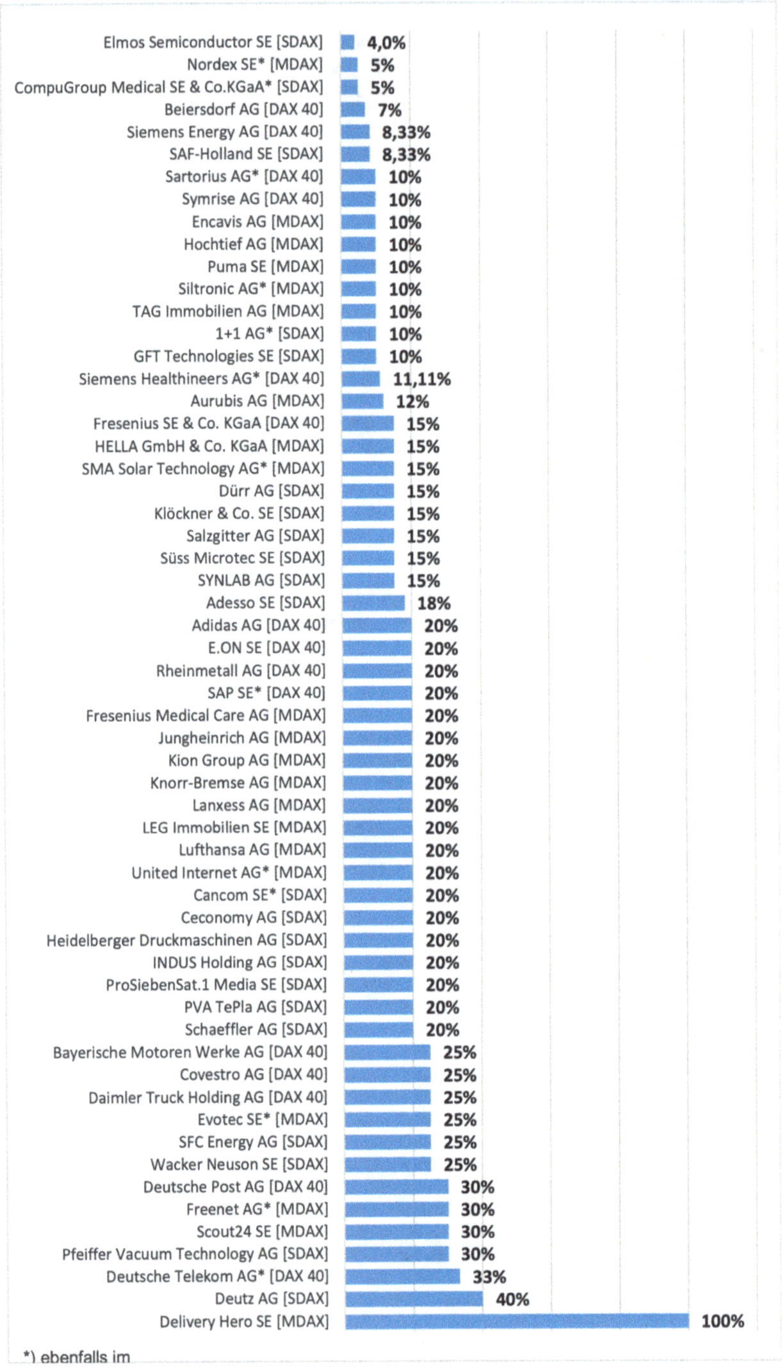

Quelle: Eigene Darstellung

Appendix G

Gewichtungen der ESG-Ziele im LTI-Plan 2022 (n = 42)

P. Zens, C. Heiler, *Nachhaltig führen, nachhaltig belohnen*,
https://doi.org/10.1007/978-3-658-46937-5

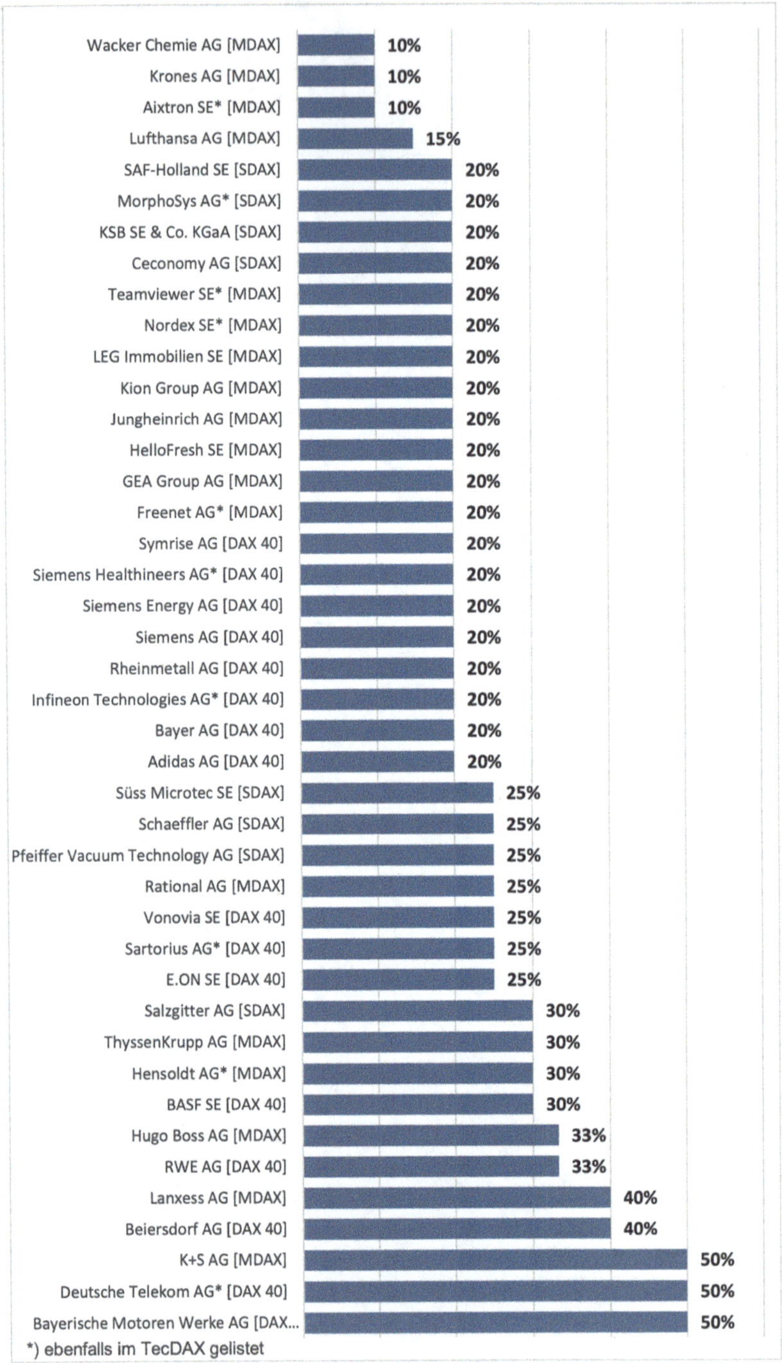

Quelle: Eigene Darstellung

Appendix H

Gewichtungen der ESG-Ziele im LTI-Plan 2023 (n = 56)

P. Zens, C. Heiler, *Nachhaltig führen, nachhaltig belohnen*,
https://doi.org/10.1007/978-3-658-46937-5

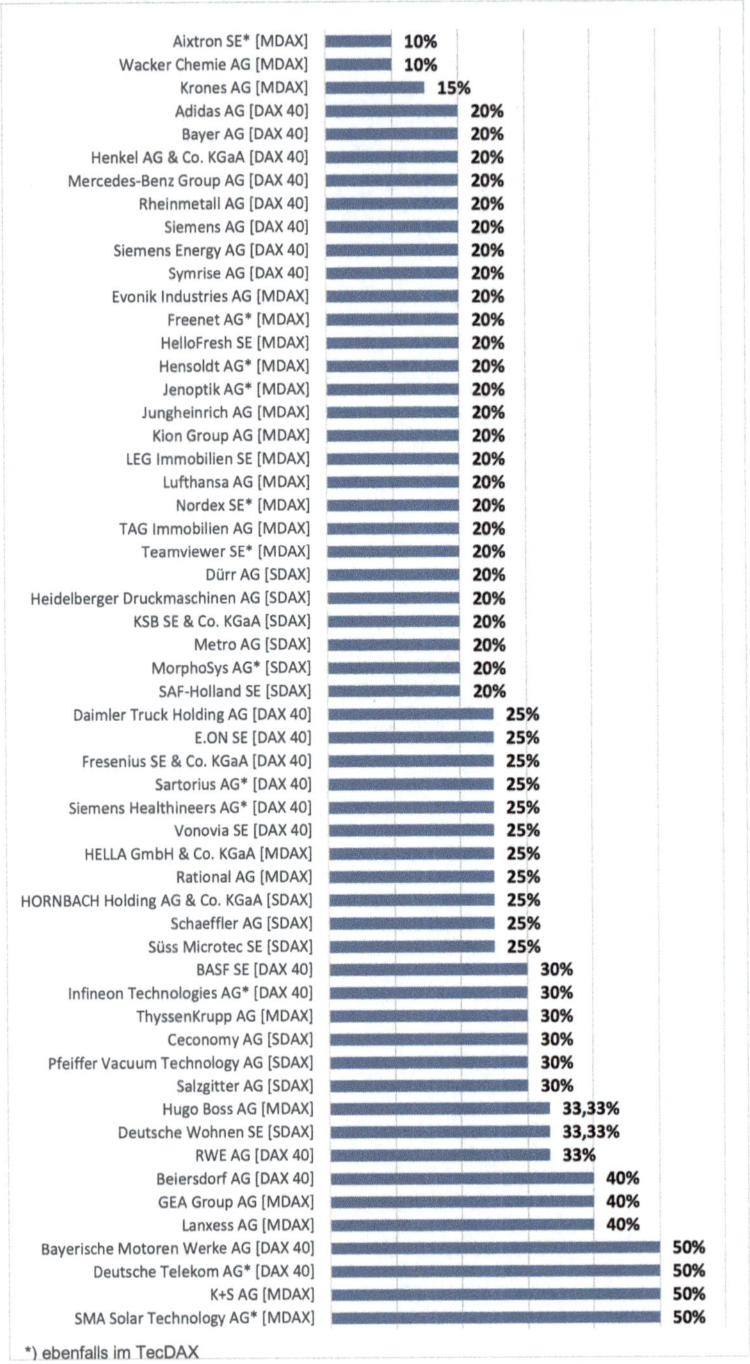

Quelle: Eigene Darstellung

Appendix I

(1) Vergütung nach dem aktuellen Vergütungssystem 2022 (n = 104)

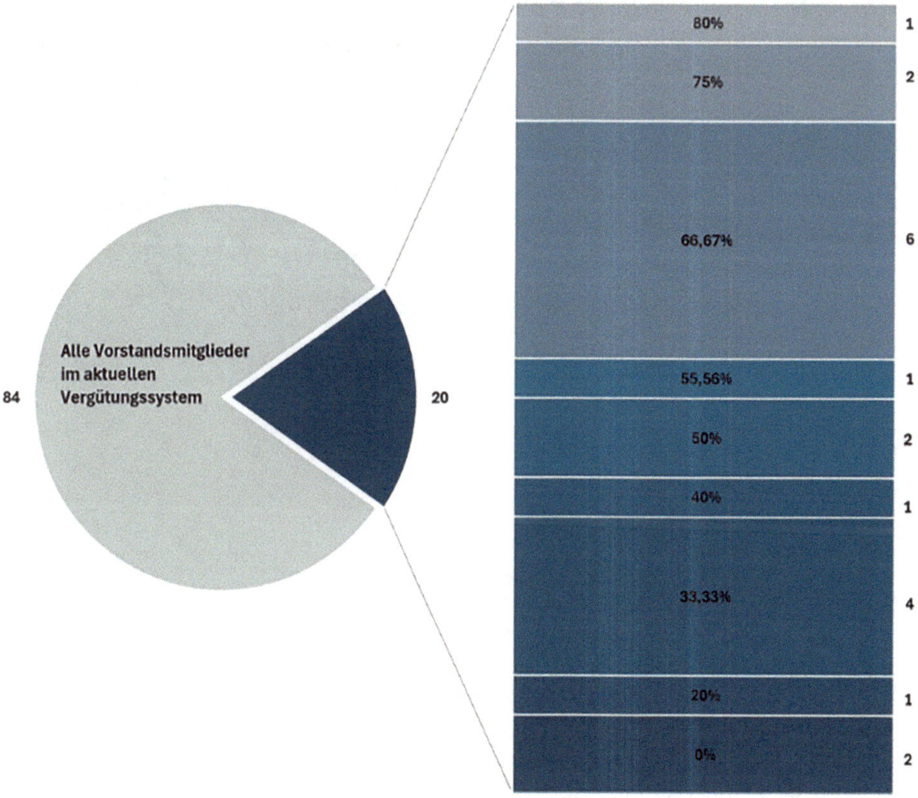

Quelle: Eigene Darstellung

P. Zens, C. Heiler, *Nachhaltig führen, nachhaltig belohnen*,
https://doi.org/10.1007/978-3-658-46937-5

(2) Vergütung nach dem aktuellen Vergütungssystem 2023 (n = 110)

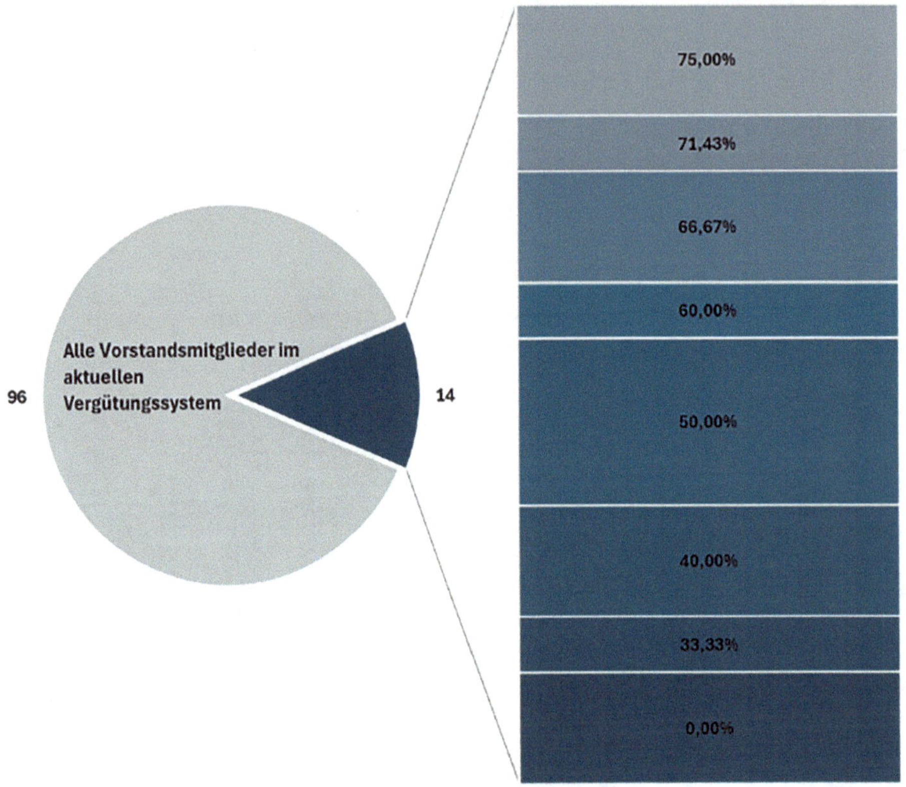

Quelle: Eigene Darstellung

Literatur

1 & 1 AG (2023) Geschäftsbericht 2022: Vergütungsbericht [Online]. https://www.1und1.ag/investor-relations#e-tabs-id-berichte. Zugegriffen am 07.06.2024

adesso SE (2024) Vergütungsbericht 2023 [Online]. https://www.adesso-group.de/de/investor-relations/fakten-zur-adesso-group/corporate-governance/index.jsp. Zugegriffen am 22.04.2024

Allianz Global Investors GmbH (2022) AllianzGI insists EU large caps link exec pay to ESG KPIs [Online]. https://www.allianzgi.com/en/press-centre/media/press-releases/allianzgi-insists-eu-large-caps-link-exec-pay-to-esg-kpis. Zugegriffen am 10.07.2024

Alparslan A (2006) Strukturalistische Prinzipal-Agent-Theorie: Eine Reformulierung der Hidden-Action-Modelle aus der Perspektive des Strukturalismus. Deutscher Universitätsverlag, Essen

Alter R (2019) Strategisches Controlling: Unterstützung des strategischen Managements (überarbeitete und aktualisierte Auflage), 3. Aufl. De Gruyter Oldenbourg, Berlin/Boston

Arnold C, Herzberg J, Zeh R (2021) Vorstandsvergütung und Nachhaltigkeit. Die Aktiengesellschaft 66(4):141–147

Augustin J, Andrees V, Czerniejewski A, Dallner R, Schulz CM, Mezger NCS (2024) Auswirkungen des Ahrtal-Hochwassers auf die Gesundheit der lokalen Bevölkerung – eine Analyse auf Grundlage von GKV-Routinedaten. Bundesgesundheitsblatt, Gesundheitsforschung, Gesundheitsschutz 67(1):5–13

Austrup D, von Blomberg C (2014) Anreiz- und Vergütungssysteme: Verlockung zur Nachhaltigkeit. In: Schulz T, Bergius S (Hrsg) CSR und Finance. Springer, Berlin/Heidelberg, S 83–94

Auto1 Group SE (2023) Vergütungsbericht 2022 [Online]. https://ir.auto1-group.com/websites/auto1/German/6900/corporate-governance.html#corporate-governance. Zugegriffen am 24.04.2024

Auto1 Group SE (2024) Vergütungsbericht 2023 [Online]. https://ir.auto1-group.com/websites/auto1/German/6900/corporate-governance.html#corporate-governance. Zugegriffen am 01.05.2024

BaFin (2023) Nachhaltigkeitsberichterstattung – CSRD [Online]. https://www.bafin.de/DE/Aufsicht/SF/CSRD/CSRD_node.html. Zugegriffen am 08.04.2024

BaFin (o.J.) EU-Offenlegungsverordnung [Online]. https://www.bafin.de/DE/Aufsicht/SF/OffenlegungsVO/OffenlegungsVO_node.html. Zugegriffen am 08.04.2024

Baker A, Larcker DF, McClure C, Saraph D, Watts E (2022) Diversity Washing. Chicago Booth Research Paper

Bannier CE, Schmidt H (2020) Nachhaltigkeitselemente in den Vergütungsstrukturen der DAX-Unternehmen. Z für das gesamte Kreditwes 2020(20):992–995

BASF SE (2023) Vergütungsbericht 2022 [Online]. https://www.basf.com/global/de/investors/calendar-and-publications/publication-finder.html#%7B%7D. Zugegriffen am 02.06.2024

P. Zens, C. Heiler, *Nachhaltig führen, nachhaltig belohnen*,
https://doi.org/10.1007/978-3-658-46937-5

Bechtle AG (2023a) Vergütungsbericht 2022 [Online]. https://www.bechtle.com/ueber-bechtle/investoren/corporategovernance. Zugegriffen am 02.06.2024

Bechtle AG (2023b) Vergütungsbericht 2022 [Online]. https://www.beiersdorf.de/investor-relations/corporategovernance/verguetung-von-vorstand-und-aufsichtsrat. Zugegriffen am 25.05.2024

Beile J, Schmid K (2023) Nachhaltige Kriterien in der Vorstandsvergütung: Eine Bestandsaufnahme und Handlungsempfehlungen für Aufsichtsräte. Hans-Böckler-Stiftung, Düsseldorf

Bihlmayer M (2024) Versicherer beziffern Hochwasserschäden auf zwei Milliarden Euro [Online]. https://www.zeit.de/gesellschaft/zeitgeschehen/2024-06/hochwasser-sueddeutschland-schaden-versicherer-zwei-milliarden. Zugegriffen am 22.06.2024

Bloomberg Finance L.P (2024) Global ESG assets predicted to hit $40 trillion by 2030, despite challenging environment, forecasts Bloomberg Intelligence [Online]. https://www.bloomberg.com/company/press/global-esg-assets-predicted-to-hit-40-trillion-by-2030-despite-challenging-environment-forecasts-bloomberg-intelligence/. Zugegriffen am 24.06.2024

BMW AG (2023) BMW Group Bericht 2022: Vergütungsbericht [Online]. https://www.bmwgroup.com/de/downloadcenterpage.html?area=investor. Zugegriffen am 26.05.2024

Borussia Dortmund GmbH & Co. KGaA (2024) Vergütungsbericht 22/23 [Online]. https://bericht.bvb.de/geschaeftsbericht/2022-2023/konzernlagebericht/grundlagen-des-unternehmens/leitung-und-kontrolle.html. Zugegriffen am 28.06.2024

Brenntag AG (2024) Geschäftsbericht 2023: Vergütungsbericht [Online]. https://corporate.brenntag.com/de/investor-relations/veroeffentlichungen-and-events/finanzpublikationen/. Zugegriffen am 03.06.2024

Bundesministerium der Finanzen (2019) Gesetz zur Umsetzung der zweiten Aktionärsrechterichtlinie (ARUG II). (ARUG II)

Bundesministerium für Wirtschaft und Klimaschutz (2023) Lieferkettensorgfaltspflichtengesetz [Online]. https://www.bmwk.de/Redaktion/DE/Gesetze/Wirtschaft/lieferkettensorgfaltspflicht-engesetz.html. Zugegriffen am 08.04.2024

Bundesregierung (2019) Gesetzentwurf der Bundesregierung. Entwurf eines Gesetzes zur Umsetzung der zweiten Aktionärsrechterichtlinie (ARUG II): Bundesregierung. BT-Drs. 19/9739

Bundestagsrechtsausschuss (2019) Beschlussempfehlung und Bericht des Ausschusses für Recht und Verbraucherschutz (6. Ausschuss): Bundestagsrechtsausschuss. BT-Drucksache 19/15153

Bundle L (2021) Vorstandsvergütung als Mechanismus der Corporate Governance. Springer, Wiesbaden

Cancom SE (2023) Vergütungsbericht 2022 [Online]. https://investoren.cancom.de/corporate-governance/. Zugegriffen am 17.05.2024

Cancom SE (2024) Vergütungsbericht 2023 [Online]. https://investoren.cancom.de/corporate-governance/. Zugegriffen am 17.05.2024

Carbon Disclosure Project (2013) Sector insights: what is driving climate change action in the world's largest companies? [Online]. https://www.pwc.de/de/nachhaltigkeit/assets/g500_2013_report_final.pdf. Zugegriffen am 05.04.2024

Carl Zeiss Meditec AG (2023) Geschäftsbericht 2021/22: Vergütungsbericht [Online]. https://www.zeiss.com/meditec-ag/de/investor-relations/archiv.html?f_language=id_de. Zugegriffen am 15.04.2024

Carl Zeiss Meditec AG (2024) Geschäftsbericht 2022/23. [Online]. https://www.zeiss.com/meditec-ag/de/investor-relations/archiv.html?f_language=id_de. Zugegriffen am 04.07.2024

Ceconomy AG (2023) Geschäftsbericht 2022: Vergütungsbericht 2022 [Online]. https://www.ceconomy.de/de/news-publikationen/?med_filter_section=4&med_filter_type=5. Zugegriffen am 19.05.2024

CompuGroup Medical SE & Co.KGaA (2024) Vergütungsbericht 2023 [Online]. Zugegriffen am 26.05.2024

Conrad C (2024) Boni-Exzesse schaden Aktionären. FAZ 10:16

Conway EM, Oreskes N (2010) Merchants of doubt: how a handful of scientists obscured the truth on issues from tobacco smoke to global warming. Bloomsbury Press, New York

Covestro AG (2023) Geschäftsbericht 2022: Vergütungsbericht [Online]. https://www.covestro.com/de/investors/reports-and-presentations/. Zugegriffen am 06.06.2024

Covestro AG (2024) Geschäftsbericht 2023: Vergütungsbericht [Online]. https://www.covestro.com/de/investors/reports-and-presentations/. Zugegriffen am 06.06.2024

Dathe T, Dathe R, Dathe I, Helmold M (2022) Corporate Social Responsibility (CSR) Versus Environmental Social Governance (ESG). In: Dathe T, Dathe R, Dathe I, Helmold M (Hrsg) Corporate Social Responsibility (CSR), Sustainability and Environmental Social Governance (ESG). Springer International Publishing, Cham, S 117–141

Delivery Hero SE (2023) Vergütungsbericht 2022 [Online]. https://ir.deliveryhero.com/de/verguetung/. Zugegriffen am 18.05.2024

Deutsche Börse AG (2024) Composition 2024 March [Online]. https://www.stoxx.com/end-of-the-day-data?eodd=3. Zugegriffen am 12.05.2024

Deutsche Bundesbank (2023) KLIMABEZOGENE BERICHTERSTATTUNG DER DEUTSCHEN BUNDESBANK 2023 [Online]. https://www.bundesbank.de/de/publikationen/suche/klimabezogene-berichterstattung-der-deutschen-bundesbank-2023-906636. Zugegriffen am 13.06.2024

Deutsche Post AG (2023) Vergütungsbericht 2022 [Online]. https://group.dhl.com/de/investoren/ir-download-center.html. Zugegriffen am 25.05.2024

Deutsche Telekom AG (2023) Vergütungsbericht 2022 [Online]. https://www.telekom.com/de/investor-relations/details/verguetungsbericht-1003096. Zugegriffen am 25.05.2024

Deutsche Wohnen SE (2023) Vergütungsbericht 2022 [Online]. https://ir.deutsche-wohnen.com/websites/dewohnen/German/4600/verguetung.html. Zugegriffen am 30.05.2024

Deutsche Wohnen SE (2024) Vergütungsbericht 2023 [Online]. https://ir.deutsche-wohnen.com/websites/dewohnen/German/4600/verguetung.html. Zugegriffen am 30.05.2024

Deutscher Bundestag (1990) Dritter Bericht der ENQUETE-KOMMISSION: Vorsorge zum Schutz der Erdatmosphäre zum Thema Schutz der Erde, Drucksache 11/8030.

Deutz AG (2023) Geschäftbericht 2022: Vergütungsbericht 2022 [Online]. https://www.deutz.com/de/investor-relations/finanzberichte-und-praesentationen/finanzberichte/. Zugegriffen am 25.05.2024

Döring N, Bortz J (2016) Forschungsmethoden und Evaluation in den Sozial- und Humanwissenschaften. Springer, Berlin/Heidelberg

Dörrwächter J (2022) Nachhaltigkeit und Gesellschaftsinteresse: Zu den Pflichten des Vorstands im Zusammenhang mit ESG. NZG:1083–1093

Dr. Ing. h.c. F. Porsche AG (2022) Porsche startet mit erfolgreichem Börsengang in eine neue Ära [Online]. https://newsroom.porsche.com/de/2022/unternehmen/porsche-ag-boersengang-p911-boerse-frankfurt-29829.html. Zugegriffen am 03.06.2024

Dr. Ing. h.c. F. Porsche AG (2024) Geschäfts- und Nachhaltigkeitsbericht 2023: Vergütungsbericht [Online]. https://investorrelations.porsche.com/de/financial-figures/. Zugegriffen am 03.06.2024

Duplois M (2018) Die Beeinflussung aktienrechtlicher Corporate Governance durch das Bankaufsichtsrecht: Eine Untersuchung unter besonderer Berücksichtigung der Vorstandsvergütung. Baden-Baden, Nomos

Elmos Semiconductor SE (2023) Vergütungsbericht 2022 [Online]. https://www.elmos.com/ueber-elmos/investor/corporate-governance.html. Zugegriffen am 24.05.2024

Elmos Semiconductor SE (2024) Vergütungsbericht 2023 [Online]. https://www.elmos.com/ueber-elmos/investor/corporate-governance.html. Zugegriffen am 26.05.2024

Evonik Industries AG (2023) Vergütungsbericht 2022 [Online]. https://corporate.evonik.com/de/investor-relations. Zugegriffen am 18.05.2024

Evotec SE (2023) Vergütungsbericht 2022 der Evotec SE [Online]. https://www.evotec.com/de/ir-news/investor-relations. Zugegriffen am 07.06.2024

Fielmann Group AG (2023) Vergütungsbericht 2022 [Online]. https://www.fielmann-group.com/investor-relations/corporate-governance/?tab=tab_1_3. Zugegriffen am 17.05.2024

Fielmann Group AG (2024) Vergütungsbericht 2023 [Online]. https://www.fielmann-group.com/investor-relations/corporate-governance/?tab=tab_1_3. Zugegriffen am 17.05.2024

Fink L (2020) BLACKROCK'S 2020 LETTER TO CLIENTS: sustainability as BlackRock's New Standard for Investing [Online]. https://www.blackrock.com/corporate/investor-relations/2020-blackrock-client-letter. Zugegriffen am 07.04.2024

Fink L (2022) LARRY FINK'S 2022 LETTER TO CEOS: the power of capitalism [Online]. https://www.blackrock.com/us/individual/2022-larry-fink-ceo-letter#:~:text=CEOs%20need%20to%20be%20asking,issues%20of%20pay%20and%20flexibility. Zugegriffen am 15.07.2024

Fleischer H (2009) Das Gesetz zur Angemessenheit der Vorstandsvergütung (VorstAG). NZG 21:801–840

Forum Nachhaltige Geldanlagen (2024) Anlagevolumen nachhaltiger Investmentfonds und Mandate in Deutschland in den Jahren von 2005 bis 2023 (in Milliarden Euro) [Online], Statista GmbH. https://de.statista.com/statistik/daten/studie/38113/umfrage/anlagevolumen-nachhaltiger-investments-in-deutschland/. Zugegriffen am 24.06.2024

Fuchs SE (2023) Vergütungsbericht 2022 [Online]. https://www.fuchs.com/gruppe/investor-relations/. Zugegriffen am 06.06.2024

Fuchs SE (2024) Vergütungsbericht 2023 [Online]. https://www.fuchs.com/gruppe/investor-relations/. Zugegriffen am 18.04.2024

GEA Group AG (2023) Vergütungsbericht 2022 [Online]. https://www.gea.com/de/company/investor-relations/corporate-governance/remuneration/. Zugegriffen am 30.05.2024

GEA Group AG (2024) Vergütungsbericht 2023 [Online]. https://www.gea.com/de/company/investor-relations/corporate-governance/remuneration/. Zugegriffen am 30.05.2024

Haberstock P (2024) ESG-Kriterien [Online]. https://wirtschaftslexikon.gabler.de/definition/esg-kriterien-120056/version-369280. Zugegriffen am 24.06.2024

Hadwiger F, Schmid K, Peter W (2014) Die Anwendung von sozialen und ökologischen Kriterien in der Vorstandsvergütung: Im Kontext der Entwicklung der Vorstandsbezüge 2012 in den DAX-30-Unternehmen. Hans-Böckler-Stiftung, Düsseldorf

Heidelberg Materials AG (2023) Geschäfts- und Nachhaltigkeitsbericht 2022: Vergütungsbericht [Online]. https://www.heidelbergmaterials.com/de/investor-relations/berichte-und-praesentationen. Zugegriffen am 02.06.2024

Heinen V (2019) Die Rolle institutioneller Investoren und Stimmrechtsberater in der deutschen Corporate Governance. Springer, Wiesbaden

Infineon Technologies AG (2023) Vergütungsbericht 2022 [Online]. https://www.infineon.com/cms/de/about-infineon/investor/corporate-governance/#remuneration. Zugegriffen am 19.05.2024

Infineon Technologies AG (o.J.) Vorstand [Online]. https://www.infineon.com/cms/de/about-infineon/company/management-board/. Zugegriffen am 17.06.2024

Jaspers P (2022) Sustainable Shareholder Activism – Neue Herausforderung für die aktienrechtliche Beratung. Die Aktiengesellschaft 67(5):145–157

Jensen MC, Meckling WH (1976) Theory of the firm: Managerial behavior, agency costs and ownership structure. Journal of Financial Economics 3(4):305–360

Jensen MC, Murphy KJ (1990) Performance pay and top-management incentives. Journal of Political Economy 98(2):225–264

Jensen MC, Murphy KJ, Wruck EG (2004) Remuneration: where we've been, how we got to here, what are the problems, and how to fix them. Harvard Business School:04–28

Johannsen-Roth T, Kießling A (2021) Environment – Social – Governance 2021: Einfluss von ESG-Faktoren auf die Vorstandsvergütung. Der Betrieb 02:31–33

Juretzek S, Broschat S (2021) Die Rolle der NachhaltigkeitsmanagerInnen – Quo vadis? In: Juretzek S, Broschat S (Hrsg) Nachhaltige Karriere – mit dem richtigen Job die Welt verändern. Springer, Berlin/Heidelberg

K + S AG (2023) Geschäftsbericht 2022: Vergütungsbericht 2022 [Online]. https://www.kpluss.com/de-de/investor-relations/publikationen/finanzpublikationen/archiv-geschaeftsberichte/. Zugegriffen am 30.05.2024

Kacperczyk MT, Edmans A (2022) Sustainable Finance. Review of Finance 69:1309–1313

Kaufmann A, Beringer U (2021) Digitalisierung als Schlüssel für eine nachhaltigere Baubranche. In: Genders S, Seynstahl C (Hrsg) CSR und Hidden Champions. Springer, Berlin/Heidelberg

Kirchhoff Consult AG & BDO AG (2022) Nachhaltigkeit im Wandel: Die nichtfinanzielle Berichterstattung im DAX 160 [Online]. https://www.kirchhoff.de/fileadmin/static/pdfs/20221018_DAX160_Studie_2022_Kirchhoff_BDO.pdf. Zugegriffen am 16.05.2024

Kirchhoff KR, Niefünd S, von Pressentin JA (2024) ESG: Nachhaltigkeit als strategischer Erfolgsfaktor. Springer, Wiesbaden

Koch C (2022) Corporate Governance case by case, 3. Aufl. Fachmedien Recht und Wirtschaft in Deutscher Fachverlag GmbH, Frankfurt am Main

Köckeritz H (2023) Nachhaltigkeit – das neue Maß der Dinge bei der Vorstandsvergütung. NZG 1341:11–26

Kramarsch M (2021) Wird die Wallstreet grün? Betriebsberater 42:1

Kreutzer RT (Hrsg) (2023) Die Rollen des Chief Sustainability Officers. Springer, Wiesbaden

Krones AG (2023) Vergütungsbericht 2022 [Online]. https://www.krones.com/de/unternehmen/investor-relations/hauptversammlung.php. Zugegriffen am 27.05.2024

Krones AG (2024) Vergütungsbericht 2023 [Online]. https://www.krones.com/de/unternehmen/investor-relations/hauptversammlung.php. Zugegriffen am 30.05.2024

KSB SE & Co. KGaA (2023) Vergütungsbericht 2022 [Online]. https://www.ksb.com/de-global/investor-relations/corporate-governance/struktur-management. Zugegriffen am 20.05.2024

Land Saarland (2024) Starkregen und Hochwasser im Saarland [Online]. https://www.saarland.de/mukmav/DE/portale/waldundforstwirtschaft/aktuelles/aktuelle-meldungen/2024/q2/pm_2024-05-21_warnhinweise-waldbesuch. Zugegriffen am 22.06.2024

Lanxess AG (2023) Vergütungsbericht 2022 [Online]. https://lanxess.com/de-DE/Investoren/Corporate-Governance/Verg%C3%BCtung. Zugegriffen am 30.05.2024

LEG Immobilien SE (2023) Geschäftsbericht 2022: Vergütungsbericht 2022 [Online]. https://ir.leg-se.com/investor-relations/news-und-publikationen. Zugegriffen am 19.05.2024

Löw H-P (2023) Nachhaltigkeit und Vergütung: Eine kritische Bestandsaufnahme. Betriebsberater 36:1

Lufthansa AG (2023) Geschäftsbericht 2022: Vergütungsbericht [Online]. https://investor-relations.lufthansagroup.com/de/publikationen.html. Zugegriffen am 27.05.2024

Lufthansa AG (2024) Geschäftsbericht 2023: Vergütungsbericht 2023 [Online]. https://investor-relations.lufthansagroup.com/de/publikationen.html. Zugegriffen am 30.05.2024

Magers J, Eschenfelder C, Krause-Wichmann L (2022) Sustainable Corporate Governance: Vergütung des Vorstands. Springer, Wiesbaden

Mercedes Benz Group AG (2023) Vergütungsbericht 2022 [Online]. https://group.mercedes-benz.com/unternehmen/unternehmensfuehrung/vorstand/verguetung/. Zugegriffen am 18.05.2024

Mercedes Benz Group AG (2024) Vergütungsbericht 2023 [Online]. https://group.mercedes-benz.com/unternehmen/unternehmensfuehrung/vorstand/verguetung/. Zugegriffen am 03.06.2024

Nordex SE (2023) Vergütungsbericht 2022 [Online]. https://ir.nordex-online.com/websites/Nordex/German/6000/corporate-governance.html. Zugegriffen am 24.05.2024

Norma Group SE (2024) Geschäftsbericht 2023: Vergütungsbericht [Online]. https://www.normagroup.com/corp/de/investoren/publikationen-events/finanzberichte/. Zugegriffen am 17.05.2024

Obama B (2014) Remarks by the President at U.N. Climate Change Summit [Online], New York. https://obamawhitehouse.archives.gov/the-press-office/2014/09/23/remarks-president-un-climate-change-summit. Zugegriffen am 22.06.2024

Ortner J (2016) Gestaltung anreizkompatibler Entlohnungssysteme für Vorstand und Aufsichtsrat. Springer, Wiesbaden

Pfeiffer Vacuum Technology AG (2023) Geschäftbericht 2022: Vergütungsbericht 2022 [Online]. https://ir.pfeiffer-vacuum.com/German/finanzberichte/geschaftsberichte/default.aspx. Zugegriffen am 26.05.2024

Pfeiffer Vacuum Technology AG (2024) Vergütungsbericht 2023 [Online]. https://ir.pfeiffer-vacuum.com/German/finanzberichte/geschaftsberichte/default.aspx. Zugegriffen am 26.05.2024

Pilhofer J, Herr SB (2017) Zur empirischen Belegbarkeit einer „Entschlackungswelle" im Geschäftsjahr 2015: Auswirkungen der Disclosure Initiative auf die IFRS-Finanzberichterstattung. PiR 1:1–12

Pilhofer J, Herr SB, Marx O (2017) Anhangangaben zur Werthaltigkeit des Geschäfts- oder Firmenwerts: Ein Indikator für die Prognose von Wertminderungen? PiR 10:311–319

Pollman E (2022) The Making and Meaning of ESG, University of Pennsylvania Carey Law School, Law Working Paper N° 659/2022

Pratt JW, Zeckhauser R (1985) Principals and agents: The structure of business. Harvard Business School Press, Boston

PUMA SE (2023) Vergütungsbericht 2022 [Online]. https://about.puma.com/de/investor-relations/corporate-governance. Zugegriffen am 24.05.2024

PUMA SE (2024) Vergütungsbericht 2023 [Online]. https://about.puma.com/de/investor-relations/corporate-governance. Zugegriffen am 26.05.2024

PVA TePla AG (2023) Vergütungsbericht 2022 [Online]. https://www.pvatepla.com/investor-relations/corporate-governance/. Zugegriffen am 08.06.2024

PVA TePla AG (2024) Vergütungsbericht 2023 [Online]. https://www.pvatepla.com/investor-relations/corporate-governance/. Zugegriffen am 08.06.2024

PwC Strategy& (Germany) GmbH (2023) 90% aller DAX-Unternehmen haben einen Chief Sustainability Officer [Online]. https://www.strategyand.pwc.com/de/de/presse/2023-cso.html. Zugegriffen am 16.05.2024

Rational AG (2023) Geschäftsbericht 2022: Vergütungsbericht 2022 [Online]. https://www.rational-online.com/de_de/unternehmen/investor-relations/publikationen/. Zugegriffen am 19.05.2024

Redenius-Hövermann J, Siemens P (2022) ESG-Kriterien in der Vorstandsvergütung nach ARUG II: aber wie? Corporate Finance 13:140–145

Regelin FP (2023) Nachhaltige Elemente in der Vorstandsvergütung: Pflicht oder Kür? In: Nietsch M (Hrsg) Nachhaltiges Aktienrecht: 9. Wiesbadener Compliance-Tag der EBS Law School – Center for Corporate Compliance. Nomos, Baden-Baden, S 41–70

Regierungskommission Deutscher Corporate Governance Kodex (2022) Deutscher Corporate Governance Kodex (DCGK)

Reich S (2022) Die Rolle von Environmental, Social & Governance (ESG) in der gesellschaftlichen und wirtschaftlichen Transformation. In: Pfnür A, Eberhardt M, Herr T (Hrsg) Transformation der Immobilienwirtschaft. Springer, Wiesbaden, S 137–154

Rölike N, Weiand NG (2021) Environment – Social – Governance 2021: ESG – ein neues Rechtsgebiet? Der Betrieb 2:2–4

Rottenecker N (2024) Nachhaltigkeitsaspekte der Vorstandsvergütung: Zur Ausgestaltung der Vergütungsstruktur gem. § 87 I AktG im Lichte der Nachhaltigkeitserfordernisse de lege lata und de lege ferenda. NZG:665–672

SAF Holland SE (2023) Geschäftsbericht 2022: Vergütungsbericht 2022 [Online]. https://corporate.safholland.com/de/investor-relations/publikationen/finanzberichte/geschaeftsberichte. Zugegriffen am 25.05.2024

Salzgitter AG (2023) Vergütungsbericht 2022 [Online]. https://www.salzgitter-ag.com/de/investor-relations/corporate-governance/vorstand.html. Zugegriffen am 20.05.2024

SAP SE (2023) Vergütungsbericht der SAP 2022 [Online]. https://www.sap.com/investors/de/reports.html?sort=latest_desc&tab=reports. Zugegriffen am 17.05.2024

Schmidt RC (2023) ESG in der Unternehmensbewertung. In: Behringer S, Follert F (Hrsg) Unternehmensbewertung und ökonomische Analyse. Springer, Wiesbaden, S 115–132

Schölzel A (2024) ESG: Definition und Bedeutung für Unternehmen und Investoren [Online]. https://www.haufe.de/sustainability/strategie/esg-definition-und-bedeutung-fuer-unternehmen-und-investoren_575772_625088.html. Zugegriffen am 24.06.2024

Schöning S, Pille M (2023) Herausforderung Nachhaltigkeit: Konsortialkreditgeschäft mit ESG-Komponenten. In: Seidel M, Reuse S (Hrsg) Banking & Innovation 2022/2023. Springer, Wiesbaden, S 233–252

Schuster H (2022) Vergütungen in Banken: Eine Untersuchung der institutsspezifischen Vergütungsregulierung unter besonderer Berücksichtigung von Aktienbanken. Baden-Baden, Nomos

SFC Energy AG (2023) Geschäftsbericht 2022: Vergütungsbericht [Online]. https://www.sfc.com/de/investoren/finanzberichte/. Zugegriffen am 07.06.2024

Siemens Energy AG (2023) Geschäftsbericht 2022: Vergütungsbericht gemäß § 162 AktG der Siemens Energy AG für das Geschäftsjahr 2022 [Online]. https://www.siemens-energy.com/de/de/home/investor-relations/veroeffentlichungen-ad-hoc.html#finanzpublikationen. Zugegriffen am 25.05.2024

SMA Solar TEchnology AG (2024) Geschäftsbericht 2023 [Online]. https://www.sma.de/investor-relations/publikationen. Zugegriffen am 30.05.2024

Spindler G (2020) Die Neuregelung der Vorstands- und Aufsichtsratsvergütung im ARUG II. Die Aktiengesellschaft 65(3):61–74

Stabilus SE (2024) Vergütungsbericht 2023 [Online]. https://ir.stabilus.com/de/investor-relations/corporate-governance/. Zugegriffen am 17.05.2024

Sto SE & Co. KGaA (2024) Vergütungsbericht gem. § 162 AktG für das Geschäftsjahr vom 1. Januar bis zum 31. Dezember 2023 [Online]. https://www.sto.de/s/investor-relations/verguetungsbericht. Zugegriffen am 28.06.2024

Straube C (2024) Ein Überblick über die ESG-Kriterien. In: Straube C (Hrsg) Quick Guide Nachhaltigkeit in der Immobilienwirtschaft. Springer, Wiesbaden, S 9–14

Ströer SE & Co. KGaA (2024) Geschäftsbericht 2023 [Online]. https://ir.stroeer.com/de/investor-relations/finanzberichte/. Zugegriffen am 21.04.2024

Ströer SE & Co. KGaA (o.J.) Unsere Nachhaltigkeitsstrategie [Online]. https://www.stroeer.de/nachhaltigkeit/. Zugegriffen am 21.04.2024

Südzucker AG (2023) Vergütungsbericht 2022/23 [Online]. https://www.suedzuckergroup.com/de/investor-relations/corporate-governance/verguetungsberichte. Zugegriffen am 02.06.2024

Südzucker AG (2024) Einladung zur ordentlichen Hauptversammlung am 18.Juli 2024: TOP 7 [Online]. https://www.bundesanzeiger.de/. Zugegriffen am 03.06.2024

Timmer F (2022) Vorstandsvergütung 2020. Springer, Wiesbaden

Tobias P, Frank F, Bommer K (2023) Who owns the German DAX?: The Ownership Structure of the German DAX in 2022 [Online]. https://www.dirk.org/wp-content/uploads/2023/06/DAX-Studie-Wem-gehoert-die-Deutschland-AG-10.0.pdf. Zugegriffen am 07.04.2024

Traton SE (2023) 2022 Geschäftsbericht der Traton Group: Vergütungsbericht [Online]. https://geschaeftsbericht.traton.com/2022/de/. Zugegriffen am 02.06.2024

Tüngler M, Hölz C, Friedl G (2023) DSW/TUM-Vorstandsvergütungsstudie 2023 – Teil 2. BOARD Zeitschrift für Aufsichtsräte in Deutschland 05:181–185

UNEP (2023) Emissions Gap Report 2023: Broken Record – Temperatures hit new highs, yet world fails to cut emissions (again). United Nations Environment Programme

United Internet AG (2023) Vergütungsbericht 2022 [Online]. https://www.united-internet.de/investor-relations/publikationen/berichte.html. Zugegriffen am 07.06.2024

Vanini U (2018) Manager an ihren Risiken beteiligen. Controlling & Management Review 62(4):50–55

Varta AG (2024) VARTA kommt bei Lösung der Cyberattacke gut voran [Online]. https://www.varta-ag.com/fileadmin/varta_ag/publications/corporate_news/VARTA_AG_Update_Cyberangriff.pdf. Zugegriffen am 11.05.2024

Velte P (2020) Say on Pay, Fee Caps und Vergütungsbericht nach dem ARUG II: Eine kritische Würdigung zur Regulierung der Managerbezüge. StuB 2:52–59

Velte P (2022) Nachhaltige Vergütungssysteme als Treiber der unternehmerischen Nachhaltigkeitsleistung? DStR 60(9):440–446

Velte P, Eulerich M (2013) Nachhaltigkeit und Transparenz der Vorstandsvergütung: Eine empirische Untersuchung im DAX30 unter besonderer Berücksichtigung der Bemessungsgrundlagen der variablen Vergütungsanteile. IRZ 8:73–79

Velte P, Stawinoga M (2020) Do chief sustainability officers and CSR committees influence CSR-related outcomes? A structured literature review based on empirical-quantitative research findings. Journal of Management Control 31(4):333–377

Velte P, Weber SC, Lentfer T (2018) Weiterentwicklung der Vorstandsvergütungssysteme im Rahmen der Sustainable Corporate Governance. In: Velte P, Müller S, Weber SC, Sassen R, Mammen A (Hrsg) Rechnungslegung, Steuern, Corporate Governance, Wirtschaftsprüfung und Controlling. Springer, Wiesbaden, S 269–287

Verse DA (2023) Nachhaltigkeit als Entscheidungsparameter für Leitungsorgane: Neue Herausforderungen durch die geplante CSDD-Richtlinie. In: Nietsch M (Hrsg) Nachhaltiges Aktienrecht: 9. Wiesbadener Compliance-Tag der EBS Law School – Center for Corporate Compliance. Nomos, Baden-Baden, S 21–39

Vetter J (2023) Aktionäre als Treiber für Nachhaltigkeit. In: Nietsch M (Hrsg) Nachhaltiges Aktienrecht: 9. Wiesbadener Compliance-Tag der EBS Law School – Center for Corporate Compliance. Nomos, Baden-Baden, S 71–134

Volkswagen AG (2023) Geschäftsbericht 2022: Vergütungsbericht 2022 [Online]. https://www.volkswagen-group.com/de/finanzberichte-18134#2022. Zugegriffen am 02.06.2024

Wermke I (2023) Ein Autohersteller sorgt für Überraschung bei CO2-Bilanz [Online]. https://www.handelsblatt.com/unternehmen/industrie/dax-konzerne-ein-autohersteller-sorgt-fuer-ueberraschung-bei-co2-bilanz/29438894.html. Zugegriffen am 02.06.2024

WPK (o.J.) EU Taxonomie-Verordnung [Online]. https://www.wpk.de/nachhaltigkeit/kompass/regulatorische-anforderungen/eu-taxonomie-verordnung/. Zugegriffen am 08.04.2024

Wunder T (2014) Strategisches Management: Integration ökologischer Nachhaltigkeit in den Strategieprozess. In: Schulz T, Bergius S (Hrsg) CSR und Finance. Springer, Berlin/Heidelberg, S 65–81

Zalando SE (2023) Geschäftsbericht 2022: Vergütungsbericht [Online]. https://corporate.zalando.com/de/investor-relations/finanzberichterstattung. Zugegriffen am 03.06.2024

Zalando SE (2024) Geschäftsbericht 2023: Vergütungsbericht [Online]. https://corporate.zalando.com/de/investor-relations/finanzberichterstattung. Zugegriffen am 03.06.2024

Zülch H, Winkler A, Thun TW (2023) Nachhaltigkeitsintegration in den Vergütungssystemen der Unternehmen des DAX 40. Der Betrieb:1873–1878

FSC
www.fsc.org
MIX
Papier | Fördert
gute Waldnutzung
FSC® C083411

Kolibri 360 GmbH
Ferdinand-Jühlke-Straße 7
99095 Erfurt, Deutschland
produktsicherheit@kolibri360.de